Dr. Setondji Gilles Natachar GLELE

Le mystère de la rédemption ou la réponse de Dieu à Lucifer

Dr. Setondji Gilles Natachar GLELE

Le mystère de la rédemption ou la réponse de Dieu à Lucifer

Éditions Croix du Salut

Imprint

Cover image: www.ingimage.com

Publisher:
Éditions Croix du Salut
is a trademark of
Dodo Books Indian Ocean Ltd. and OmniScriptum S.R.L publishing group

120 High Road, East Finchley, London, N2 9ED, United Kingdom
Str. Armeneasca 28/1, office 1, Chisinau MD-2012, Republic of Moldova, Europe
Printed at: see last page
ISBN: 978-620-6-16828-7

PREFACE

Je dédie ce livre à toute personne, quel que soit sa race ; son sexe ; sa nationalité ou ses convictions cultuelles et culturelles, nourrissant l'appétit d'élargir sa connaissance sur des sujets relatifs à la vérité biblique et est animée du désir curieux d'expérimenter la véritable liberté par le moyen de la connaissance de la vérité.

Je prie que le Saint-Esprit vous rencontre pendant que vous lisez ce livre. Qu'il comble votre attente et que vous ne soyez plus jamais la même personne après cette aventure littéraire.

Nous bénissons Dieu qui a souverainement élevé son Fils unique, notre seigneur et sauveur personnel, par qui nous recevons la grâce d'avoir part à l'héritage des saints dans la lumière ; l'Esprit de sagesse et de révélation dans sa connaissance par lequel, nous sommes scellés pour le jour de la rédemption.

Nous nous unissons à vous pour une marche objective et fructueuse à la découverte de la compréhension selon le cœur de Dieu sur ce qui est à retenir sur le mystère de la rédemption ou la réponse de Dieu à lucifer pour le salut du pécheur.

Pendant que j'écrivais ce livre, c'était comme si vous et moi, lors d'une balade, parlions face à face.

Je peux vous assurer que le contenu de ce livre est très efficace et éclaireur, de sorte qu'en le lisant simplement d'un bout à l'autre, le cœur ouvert et sincère, vous serez vraiment délivré de votre ignorance relative au cafouillage qui entoure les multiples interprétations que font objet les saintes écritures de nos jours.

Que vous soyez : Catholique ; protestant ; pentecôtiste ou ayant tout simplement la Bible en partage ;

Sachez que cet ouvrage vient à point nommé en réponse aux exigences des derniers temps que nous traversons dans la marche annonciatrice de l'œuvre du Seigneur Jésus Christ et de son avènement pour le festin royal des justes.

Nous profitons de l'occasion pour vous informer que les gens sont incontestablement semblables dans le monde. Ils vivent d'une manière ou d'une autre les mêmes réalités. Ils ont autant que vous, besoin de connaitre ; de comprendre et recherchent à tort ou à raison la même vérité.

C'est pourquoi les œuvres de cette édition, paraissent telle une denrée rare qu'il faudra à tout prix se procurer.

Sommaire :

Introduction

Nous commençons comme il est de notre habitude par rendre grâce à celui qui est Seigneur, le Père des esprits qui dans toute sa souveraineté a jugé utile de manifester à nouveau sa fidélité envers notre modestes personnes, celle de continuer de nous associer à la rédaction de ses pensées lesquelles se révèlent indispensables pour délivrer l'homme de la misère et de la pauvreté intellectuelle selon qu'il est écrit : Mon peuple périt par manque de reconnaissances.

Et c'est conformément à cet envi pressant du Seigneur dont nous ses ouvriers sommes animés que cet ouvrage de très grand intérêt pouvait se retrouver à la disposition de tous les amoureux de lecture en général et de nos aimables partenaires de lecture en particulier toujours dans le but et l'objectif de sortir et de délivrer le grand nombre des humains de la captivité ou de l'esclavage de l'ignorance qui reste nous ne le dirons jamais assez, l'ennemi de premier rang dans la vie de l'homme.

Voilà pourquoi nous nous évertuons à chaque occasion propice ou non de transmettre avec la plus grande politesse nécessaire les multiples enseignants que le Saint-Esprit n'arrête de nous confier et ce sera encore le cas de cet ouvrage dont la bonne appropriation de son contenu guérira certainement un cœur désespéré et une conscience envahie par de multiples accusations.

Il s'agira à cet effet de ramener le Dieu créateur au centre de réflexion et d'analyse de la vie quotidienne de l'homme afin de lui assurer une condition de vie plus que paisible et équilibrée, gage d'une société humaine davantage sécurisée et rassurante.

En celà, nous prendrons le soins d'aborder progressivement étape après étape les différentes lignes sur lesquelles reposent les chapitres de notre livre et ainsi, nous ouvrons la première page de cette magistrale aventure.

Mais avant, il nous plaît de rappeler à nos aimables lecteurs que tous les contenus des différentes références bibliques ne seront pas pris en compte et celà dans la démarche objective d'encouger ceux et celles qui sont déjà habitués à la lecture biblique et en même temps inviter ceux et celles qui ne le sont pas encore, à s'y ralier puisque cela en valait vraiment la peine.

Chapitre : 1

Etude de la vision de Dieu en direction de la terre

Commençons par saluer la personne indescriptible de Dieu qui, sans l'aide et le conseil d'aucune autre créature et en sa qualité du seul et unique créateur du monde visible et invisible a décidé d'amener à existence un monde carrément différent de celui dans lequel il siège, avec une sagesse et un mode de vie propre à lui.

Il partira alors de ce qui était sans forme c'est à dire immatériel pour ce qui correspondra à ses projets et traduira la vision de sa force.

Dieu va ainsi décider de s'offrir un monde organisé et régi par la loi de la physique et celles de la semaille et de la moisson, et dans lequel existera le principe de la complémentarité et de l'Inter dépendance.

Ce monde sera nommé la terre avec une disposition spirituelle qui n'aura absolument rien à avoir avec le sol sur lequel se déplacent les hommes et les animaux et duquel poussent les plantes, c'est pourquoi les saintes écritures parleront de la poussière de la terre de laquelle tous les animaux ont été tirés et même l'homme formé.

Genèses : 1 V 2 ; 2 V 7 , 19 ; 8 V 22.

La terre était informe et vide : il y avait des ténèbres à la surface de l'abîme, et l'esprit de Dieu se mouvait au-dessus des eaux.

L'Eternel Dieu forma l'homme de la poussière de la terre, il souffla dans ses narines un souffle de vie et l'homme devint un être vivant.

L'Eternel Dieu forma de la terre tous les animaux des champs et tous les oiseaux du ciel, et il les fit venir vers l'homme, pour voir comment il les appelerait, et afin que tout être vivant portât le nom que lui donnerait l'homme.

Tant que la terre subsistera, les semailles et la moisson, le froid et la chaleur, l'été et l'hiver, le jour la nuit ne cesseront.

Ainsi la terre finira par connaître la forme que Dieu lui aurait donnée non au concept de l'intelligence humaine mais un monde contrôlé et dominé par la vie mortelle, charnelle ou sensuelle. Ce monde sera complètement différent de celui de Dieu son créateur lui-même en ce qu'il sera uniquement ouvert aux esprits et régi par la loi d'immortalité et d'éternité.

Il sera non seulement soumis au monde des esprits mais dépendra aussi de lui.

Il sera doté d'une grande variété de mécanismes de fonctionnement dans laquelle on notera par exemple, le jour et la nuit, le soleil et la lune, la pluviométrie et la sécheresse, les temps et les saisons pour ne citer que ceux-là.

On y notera aussi la notion du sexe pour servir à la multiplication des espèces animalières et des différentes races humaines.

Il faut entre temps rappeler que son existence sera conséquente au déséquilibre causé par la convoitise de Lucifer et occasionné par l'envi de ce dernier à diviser et prendre le contrôle d'une portion du royaume de son Dieu et son créateur.

Ainsi, la terre, loin d'être une matière solide et rigide qu'on pouvait toucher de doigt et saisir des mains et s'en servir à son bon vouloir, sera plutôt une entité spirituelle directement liée à la composition, à l'existence et à la disparition de presque tous les êtres vivants sous le soleil.

Elle sera aussi regardée comme un monde solide et compact composé en son intérieur de milliers d'être vivants destinés à participer en son temps à la vie sous le soleil et après disparaître par leurs retours respectifs à la terre leur source d'existence.

Psaume : 24 V 1 ; 52 V 7 ; Ecclésiaste : 12 V 8 - 9.

A l'Eternel la terre et ce qu'elle renferme,

le monde et ceux qui l'habitent !

Aussi Dieu t'abattra pour toujours.

Il te saisira et t'enlèvera de ta tente ;

Il te déracinera de la terre des vivants.

Avant que le cordon d'argent se détache, que le vase d'or se brise, que le sceau se rompe sur la source, et que la roue se casse sous la citerne ;

avant que la poussière retourne à la terre, comme elle y était, et que l'esprit retourne à Dieu qui l'a donné.

Il sera donc constaté que de la terre poussent les plantes de toute espèce qui donnent leurs fruits en leur saison.

Ces fruits sont utiles à plusieurs fins dont la principale sera de servir de nourritures aux humains et aux animaux, et finalement l'un comme l'autre finiront par connaître une fin d'existence et retourneront progressivement à la terre.

Celà deviendra un mystère aux yeux des humains au point de provoquer la folie de certains qui vont la prendre pour leur dieu au point même de commencer à lui concéder le privilège d'adoration.

Romains : 1 V 22, 25.

Se vantant d'être sages, ils sont devenus fous ;

Eux qui ont changé la vérité de Dieu en mensonge, et qui ont adoré et servi la créature au lieu du Créateur, qui est béni éternellement. Amen !

Et ce sera sur ces mots que nous mettons un terme au développement de ce premier chapitre de notre étude par peur de sortir de son cadre biblique.

Chapitre : 2

Etude du cas de l'homme dans la vision terrestre de Dieu

S'agissant de l'étude du cas de l'homme dans la vision de Dieu, il sera question de présenter le monde terrestre autour de l'homme et conformément à la volonté de son créateur.

L'Eternel va alors décider de créer un monde visible qualifié de terrestre et qui va lui coûter de lourds investissements de sa sagesse pour ce qui concerne la variété des choses qui participeront à la vie de ce monde.

Les saintes écritures nous renseigneront sur des temps et périodes qualifiés de jours et dont le Seigneur créateur s'était disposé pour amener à existence tout le fruit de sa sagesse.

On parlera du premier au septième jour de la création du monde visible de son commencement jusqu'à sa fin.

Genèses : 1 V 3 - 31 ; 2 V 3.

Dieu bénit le septième jour, et il le sanctifia, parce qu'en ce jour il se reposa de toutes son œuvre qu'il avait créée en la faisant.

Dieu donc, après avoir travaillé du premier jusqu'au cinquième jour, décidera de marquer une pause et de changer la donne de son travail par la déclaration suivante : Faisons l'homme à notre image, selon notre ressemblance et en même temps avec certaines attributions hors du commun dont le détail dans le verset ci-dessous.

Genèses : 1 V 26 - 31.

Puis L'Eternel Dieu dit : faisons l'homme à notre image, selon notre ressemblance et qu'il domine sur les poissons de la mer ; les oiseaux du ciel, sur le bétail ; sur toute la terre et sur tous les reptiles qui rampent sur la terre.

Il faut rappeler que d'après les saintes écritures, l'Eternel Dieu devra disposer de sept jours pour sanctionner toutes ses œuvres à la création du monde.

Cependant, l'homme sera malgré cela considéré comme la dernière de cette chaîne d'œuvres mais qui va venir en existence au sixième jour lequel d'ailleurs n'était pas le dernier puisqu'il y aura un septième.

L'homme fera de ce part objet d'une certaine attribution au travers de laquelle on notera les caractéristiques de directeur ; de gestionnaire ; de coordonnateur et enfin d'intendant et celà en rapport avec tout ce qui avait été crée avant lui et dont il n'avait même pas été témoin.

Dieu serait alors en train d'informer officiellement tout ce qui était autour de lui en ce qui concerne sa volonté et son projet de regarder et de considérer l'homme comme son représentant relatif à l'administration de tout son patrimoine terrestre.

Et comme nous pouvons l'imaginer, toutes ces attributions remises entre les mains de l'homme deviennent un pouvoir lui conférant les attributs d'autorité laquelle dans le cas d'espèce est représentative et délégataire, ce qui nécessite forcément des compétences à acquérir.

Dieu, conscient de l'enjeu lequel après tout reste de taille à cause du caractère charnel de l'homme qui traduit le domaine de la faiblesse de ce dernier en considération de celui de l'esprit où réside naturellement la force de toute créature de Dieu.

Genèses : 2 V 7.

L'Eternel Dieu forma l'homme de la poussière de la terre, il souffla dans ses narines un souffle de vie et l'homme devint un être vivant

L'homme qui avait été crée en tant qu'esprit, va demeurer dans le monde invisible de Dieu ou le monde spirituel jusqu'au moment où son créateur et son pourvoyeur allait décider lui donner une forme physique conformément au monde qu'il était appelé à gérer.

Et nous comprendrons par ces quelques mots le cas de l'homme dans la vision terrestre de Dieu son créateur et par conséquent bouclons ainsi l'étude du second chapitre de notre œuvre.

Chapitre : 3

Etude du caractère égalitaire de l'homme avec les autres êtres vivants

L'homme, puisque c'est bien de lui qu'il s'agit devra bénéficier d'une supériorité sur les autres créatures de Dieu malgré qu'il eût été le dernier de toutes les œuvres de Dieu à la création, et porteur d'une forme qui ne saurait influencer par simple apparence aucun des multitudes être vivants animés qui l'entouraient.

Cependant, les saintes écritures nous rappelleront qu'il avait bénéficié d'une attention particulière de la part de son créateur et devra faire objet d'une disposition particulière selon l'image et la ressemblance de ce dernier.

Genèses : 1 V 26 ; 2 V 19 - 20.

Puis L'Eternel Dieu dit : faisons l'homme à notre image, selon notre ressemblance et qu'il domine sur les poissons de la mer ; les oiseaux du ciel, sur le bétail ; sur toute la terre et sur tous les reptiles qui rampent sur la terre.

On constatera d'après les saintes écritures que la création du monde visible partira de l'invisible c'est à dire de spirituel parce que Dieu est Esprit et n'avait crée que des esprits autour de lui-même.

Ce qui voudra dire que tout ce que l'homme peut voir de naturel et si possible toucher de doigt est de source divine et revêt un caractère spirituel et obtiendra par la suite de forme physique chacun en ce qui le concerne pour la manifestation du monde visible.

1 Corinthiens : 15 V 37 - 38.

Ce que tu sèmes, ce n'est pas un corps qui naîtra ; c'est un simple grain, de blé peut être, ou de quelque autre semence,

Puis Dieu lui donne un corps comme il lui plaît, et à chaque semence il donne un corps qui lui est propre.

Certaines œuvres de part leurs constitutions s'étendront sur trois dimensions dont un esprit, une âme et un corps pour couvrir les éléments précédemment cités, et c'est généralement le cas des êtres vivants possédant une conscience au nombre desquels figure bien l'homme.

D'autres espèces peuvent être aussi dénombrés, cependant, nous nous réservons le droit de s'écarter d'une telle aventure afin de ne pas sortir du cadre de notre développement.

Et comme nous l'avions précédemment souligné l'homme fera partir du nombre des êtres vivants à trois dimensions de composition et les versets ci-dessous nous en renseigneront davantage.

1 Thessaloniciens : 5 V 23.

Que le Dieu de paix vous sanctifie lui-même tout entiers, et que tout votre être, l'esprit, l'âme et le corps, soit conservé irrépressible, lors de l'avènement de notre seigneur Jésus-Christ !

Cependant, le caractère tridimensionnel de l'homme suffisait-il pour être à l'image et selon la ressemblance de Dieu son créateur ? Nullement !

Non, le caractère tridimensionnel de l'homme ne traduit pas sa personne à l'image et selon la ressemblance de Dieu, et c'est le lieu d'éclairer la lanterne de la multitude de croyants qui lient cette particularité constituante dont l'homme avait bénéficiée pour souffle de vie de Dieu qu'il avait reçu dans les narines pour animer et mouvoir son corps en tant qu'être vivant.

Il importe donc de souligner que ce souffle de vie que l'homme avait reçu à travers ses narines était juste et uniquement lié à la dimension de l'ensemble de son âme et de son corps appelée chair en langage spirituel, c'est à dire la vie humaine commandée uniquement par ses cerveaux.

Et cela reste identique pour tous les êtres vivants disposant du sang qui circule dans leurs corps et capables d'exprimer des désirs ou des besoins.

Genèses : 2 V 7 ; Ecclésiaste : 9 V 2 - 6 ; Actes : 17 V 28.

L'Eternel Dieu forma l'homme de la poussière de la terre ; il souffle un souffle de vie dans ses narines et l'homme devint un être vivant .

Car en lui, nous avons la vie, le mouvement et l'être. C'est ce qu'ont dit aussi quelques uns de vos poètes :

De lui nous sommes la race...

Il est vrai que les saintes écritures n'ont pas présenté explicitement le processus d'animation des animaux, des oiseaux et autres comme ce fut le cas de l'homme.Toutefois, l'homme était resté jusqu'au stade de sa formation, un simple être vivant au même titre que les autres ayant du sang qui coule dans leurs veines.

Ainsi, j'ai naturellement vu des humains bâtir des maisons de différentes œuvres architecturales et aussi des oiseaux qui les ont continuellement mis au défi avec des nids conçus de toutes formes et de toutes pièces par des travaux tantôt en équipe et en individuel.

J'ai vu des aigles démontrant leur puissance en allant placer leurs nids au dessus des hauteurs de manière à sécuriser leus œufs et aussi leurs oisillons, ce qui traduit aussi un défi à l'égard des oiseaux qui n'arrivent pas à résister en face de la chaleur du soleil.

Ce genre de défi ne manquera pas aussi chez les humains à partir des gratte-ciels lesquelles prennent désormais l'allure de grandes concurrences architecturales.

J'ai vu certains animaux comme de gros serpents par exemple qui prennent leur temps jusqu'à la tombé de la nuit pour s'assurer que des maisons soient entièrement calmes afin de faire de leur possible en escaladant des clôtures pour aller dévaliser les poulaillers sans se faire surprendre par les propriétaires.

Ce qui ne sera pas étranger au mode de vie des humains où les problèmes de vol de biens d'autrui sont légion.

J'ai vu des animaux dont les rats par exemple qui pour des raisons supposées de sécurité vont créer des tranchées dans le sol et y ériger leur refuge et héberger leurs petits.

Les humains parleront des constructions sous terrain selon leur langage et d'après leurs différentes civilisations.

J'ai vu des animaux mâles, toute catégorie confondue dans des démarches élégantes, par des cris de sifflement, le dos et la poitrine gonflés, le plumage bien arrangé et nettoyé au moyen des petits cours d'eau dans le but d'aller conquérir leus amoureuses lesquelles ne s'offriront qu'aux plus séduisants et endurants et ce sera généralement le cas des oiseaux.

J'ai vu des aigles qui se lancent des défis acrobatiques au beau milieu du ciel toujours dans le but de convaincre les femelles.

Mais j'ai vu aussi des hommes et en particulier des jeunes gens qui mettent leurs belles tenues et parfois même toutes leurs économies dans la poche pour tenter de ramener à leur cause le cœur d'une jeune fille à l'allure galopante et brillante de visage comme la clarté d'une fleur en plein soleil.

J'ai encore vu la lionne en chaleur, mettre continuellement la pression sur le lion et obtient difficilement gain de cause et quelques temps après se dresser contre ce même mâle derrière lequel elle a tout le temps couru parce qu'elle est désormais mère et liée par l'obligation de responsabilité de la garde de ses lionceaux, lesquels se retrouvent malheureusement sous la menace du mâle quoique géniteur.

Et tout celà vient de Dieu pour perpétuer l'espèce animalière de telle ou de telle autre race.

Et j'ai dit quelle sagesse ?

Malencontreusement, j'ai aussi découvert des hommes et des femmes qui n'ont pas pu gérer leur vie de couple pour avoir accueilli un nouveau-né et avaient fini par céder place aux querelles parfois violentes et inhumaines.

J'ai encore vu des multitudes d'oiseaux dans le ciel évoluant en colonie d'espèce les uns séparés des autres et bien organisés pour se défendre et pour conserver leur espèce.

Le fond des océans et des cours d'eau ne nous rapporteront pas des informations relatives aux espèces de leur milieu de vie contraires à celles qui sont déjà à notre disposition.

Et si nous n'essayons pas de nous arrêter ici et tout de suite, nous risquons de ne pouvoir s'arrêter dans les pages qui suivent celle-ci.

Nous découvrons au travers de ces quelques exemples que les humains et les animaux partagent un point commun lequel anime leur intelligence et sagesse au bénéfice de la lutte pour la préservation de leurs races et espèces tant dans le monde humide que sec.

Ainsi, cette sagesse et intelligence se traduiront par ce souffle de vie charnelle que l'homme quant à lui avait reçu par les narines et par lequel tout être vivant lutte contre la mort scientifique, la preuve que les animaux tout comme les oiseaux ont sur chacun de leur corps deux marines au service de leur lutte quotidienne contre la mort.

On parlera des canaux d'air pour servir à la respiration de l'être vivant.

Mais si tant est que l'homme en considération du développement ci-dessus ne fait absolument aucune véritable différence par rapport aux autres êtres vivants, en quoi partage-il alors l'image et la ressemblance avec Dieu le créateur de tous les êtres vivants ?

Ce sera ainsi la préoccupation du chapitre suivant de notre étude.

Chapitre : 4

Etude de la supériorité caractéristique de l'homme

Ce suivant chapitre de notre étude, sera essentiel en réponse à l'interrogation que suscite la déclaration selon laquelle l'homme devra être fait à l'image et selon la ressemblance de Dieu, et celà comme très important pour résoudre un grand et véritable problème au sein de la société chrétienne.

Il sera dit un peu plus haut et conformément au contenu du verset biblique ci-dessous.

Genèses : 1 V 26.

Puis Dieu dit : Faisons l'homme à notre image, selon notre ressemblance et qu'il domine sur les poissons de la mer, les oiseaux du ciel, sur le bétail, sur toute la terre , et sur tous les reptiles qui rampent sur la terre.

Ainsi, si l'homme qui devrait être pratiquement regardé comme la dernière œuvre de Dieu bénéficierait d'une telle attention laquelle fait objet de toutes formes d'interprétations erronées de ceux qui ont en partage les sagesses bibliques, lorsque certains identifient cette image et ressemblance à travers le souffle de vie que l'homme avait reçu par les narines et d'autres d'après eux, l'homme disposerait d'un esprit dans sa composition tandis que les autres œuvres ayant le souffle de vie en eux n'en disposeraient pas.

Il sera utile de rappeler que tout ce qui ressort du naturel et existe autour de l'homme est d'origine spirituelle parce que Dieu ne va rien créer de physique conformément à la typologie du premier chapitre du livre de Genèse, lequel va déboucher sur le second chapitre caractérisé par la phase de la formation ou de la matérialisation de tout ce qui était précédemment créé et gardé dans le monde de Dieu ou invisible ou encore de l'esprit et celà s'avère si important pour Dieu envers qui chacune de ses œuvres est liée par l'obligation de compte rendu et du jugement dernier.

Romains : 14 V 10 ; 2 Corinthiens : 5 V 10 ; Apocalypse : 20 V 13.

Mais toi, pourquoi juges-tu ton frère ? Ou toi, pourquoi méprises-tu ton frère ? Puisque nous comparaîtrons tous devant le tribunal de Dieu.

Car il nous faut tous comparaître devant le tribunal de Christ, afin que chacun reçoive le bien ou le mal qu'il aura fait, étant dans son corps.

Nous retenons par là que l'homme n'a pas été le seul à être pourvu d'une dimension spirituelle dans son être et non plus une âme comme le faisant supérieur aux autres puisque ceux-ci en disposent aussi.

Mais s'il en est ainsi, par quel moyen ou en quoi l'homme se démarquerait-il des autres œuvres de Dieu l'unique créateur de toute chose pour être considéré partageant l'image et la ressemblance de Dieu ?

Pour répondre à cette interrogation il s'avérait nécessaire de remonter à l'attitude de Dieu à introduire l'homme dans le monde visible pour lequel il avait été créé et dont il était complètement étranger.

Les saintes écritures nous renseigneront sur la mise en place d'un jardin en Eden où l'homme sera placé par les bons soins de son Dieu et toujours en conformité avec ses projets envers la terre et tout ce qu'elle renferme et les versets ci-dessous nous en diront davantage.

Genèses : 2 V 15 - 17.

L'Eternel Dieu donna cet ordre à l'homme : Tu pourras manger de tous les arbres du jardin, mais tu ne mangeras pas l'arbre de la connaissance du bien et du mal, car le jour où tu en mangeras, tu mourras.

Au travers du contenu des versets ci-dessus, il sera constaté que l'homme sera non seulement placé à l'intérieur d'un jardin en Eden, mais recevra aussi certaines instructions divines à caractère formateur et vital pour son avenir.

Il faut rappeler que le premier caractère ministériel par lequel Dieu allait se révéler à l'humanité reste la prophétie, l'expression de sa dimension éternelle qui est présente dans chaque acte qu'il pose.

Celà dit que tout ce qui sort de la bouche de Dieu est éternel peu importe les circonstances et les contextes.

Sa parole couvre le temps de sorte que la plupart de ses déclarations revêtent les dimensions informationnelles ou annonciatrices d'une part et l'accomplissement d'autre part.

Donc quand Dieu disait : faisons l'homme à notre image et selon notre ressemblance à la phase de la création, c'était une information à caractère prophétique qui finira par se réaliser après la formation de ce dernier et précisément à l'intérieur du jardin d'Eden.

Rappelons que l'homme avait été formé brut sans aucune sagesse relative à la gestion du milieu dans lequel il fut placé et de tout ce qui l'entoure quoique détenant déjà dans son esprit la capacité de dominer et d'assujettir la terre et tout ce qu'elle renferme.

Mais son esprit à lui seul ne pouvant pas opérer efficacement dans le monde visible va nécessiter une autre entité spirituelle correspondante dont l'âme à la phase de sa formation afin de pouvoir convertir ces dons spirituels en acte et en action dans le monde sensuel ou il était appelé à faire valoir ses prérogatives de directeur, de gérant ou d'intendant de Dieu sur son patrimoine terrestre et nous l'avions précédemment et suffisamment parlé.

Mais avant d'aborder à fond l'aspect de ce caractère en image et en ressemblance de l'homme avec Dieu, retournons aux références bibliques ci-après.

Jean : 1 V 1 - 4.

Au commencement était la parole, et la parole était avec Dieu, et la parole était Dieu.

Elle était au commencement avec Dieu.

Toutes choses ont été faites par elle, et rien de ce qui a été fait n'a été fait sans elle.

En elle était la vie, et la vie était la lumière des hommes.

Le contenu de ces versets était très utile pour confirmer la personnalité du Dieu invisible et qui toutefois reste créateur et propriétaire du monde visible, physique ou sensuel.

Ceci dénote que Dieu se découvre au travers de sa parole laquelle en réalité est lui-même et par laquelle tout a été fait et existe.

Personne n'a donc vu Dieu, et personne ne le verra malgré sa proximité avec tout ce qu'il a créé et fait pour lui servir de témoignages.

S'agissant cependant de la parole, elle sera caractérisée par le son et l'esprit.

On notera l'élément son de la parole qui sert de moyen de déplacement à son esprit qui en réalité est l'essence de sa personnalité.

Le son frappe à l'oreille et pouvait provoquer des réactions instinctives de son sujet, mais l'esprit quant à lui la traverse sans aucun bruit sensationnel pour aller à la rencontre de l'esprit humain lequel siège à l'intérieur de son cœur.

Celui-ci étant le moteur de décision de tout individu conformément au plan divin relatif à l'organisation et au fonctionnement de l'être humain.

Alors Dieu, par le biais de sa parole sera à l'intérieur du jardin d'Eden avec l'homme dans le but de concrétiser la prophétie selon laquelle celui-ci devra partager son image et sa ressemblance avec lui.

En sa qualité de parole, il procédera par le moyen de la communication pour descendre au travers des oreilles jusqu'au cœur de l'homme afin d'y marquer sa présence en tant que référentiel et son implication dans les différentes prises de décisions de ce dernier.

Il sera révélé d'après le contenu des versets ci-dessus que la parole revêt une autre qualité dont la lumière dans le rôle d'éclaireur de tout cœur qui la reçoit afin de délivrer son sujet des ténèbres qui dans le contexte biblique signifie l'ignorance.

Les saintes écritures déclarent que la parole était au commencement, elle était avec Dieu, et elle était Dieu, et tout a été fait par elle.

En elle était la vie et cette vie était la lumière des hommes, en sorte qu'elle se révélera comme seul et unique moyen qualifié pour donner la vie à l'esprit de l'homme afin de pouvoir l'élever au dessus de toute l'espèce animalière parce qu'il ne sera pas différent des autres animaux pour ce qui concerne la vie charnelle qui tire sa source du souffle de vie reçu à travers les narines et dont l'homme avait fait l'expérience après sa formation pour devenir un être vivant et non être humain.

Nous allons évoluer dans notre développement par référence à un autre verset.

Jean : 1 V 12 - 13.

Mais à tous ceux qui l'ont reçue, à ceux qui croient en son nom, elle a donné le pouvoir de devenir enfants de Dieu, lesquels sont nés,

non du sang, ni de la volonté de la chair,ni de la volonté de l'homme, mais de Dieu.

Du contenu des versets ci-dessus nous retenons que la parole dans son rôle ou ministère de lumière était partie vers des gens qui étaient considérés comme les siens et qui ne l'avaient pas reçue.

Mais il sera souligné qu'à ceux qui l'avaient reçu, elle les avait donné le pouvoir de devenir des enfants de Dieu, lesquels étaient nés non de la chair encore moins de la sagesse des hommes mais de Dieu.

Rappelons que la naissance selon la chair dans ce contexte correspond au résultat qu'avait produit le souffle de vie que Dieu avait administré à travers les narines à l'homme formé de la poussière de la terre et qui était l'être vivant.

Dieu n'avait pas parlé dans les narines de l'homme mais plutôt souffler un souffle de vie d'après les écritures pour que ce dernier devienne un être vivant.

Mais dans ce cas précis, il sera dit que la parole était allée vers les siens c'est à dire des gens donnés, mais comment et par quel moyen ?

Les versets suivants nous renseigneront davantage.

Romains : 10 V 14 , 17.

Comment donc invoqueront-ils celui en qui ils n'ont pas cru ?

Et comment croiront-ils en celui dont ils n'ont pas entendu parler ?

Et comment entendront-ils parler s'il n'y a personne qui prêche ?

Ainsi, la foi vient de ce qu'on entend, et ce qu'on entend vient de la parole de Christ.

Nous retenons à partir du contenu du verset ci-dessus que le besoin des croyants allait se poser et même susciter quelques interrogations.

Le résultat à ce besoin passera nécessairement par la communication orale, en ce qu'il va falloir envoyer des gens qui portent la parole appelés prédicateurs, et qui seront chargés de les transmettre à d'autres catégories qui vont apprêter leurs oreilles pour la recevoir, l'accepter par la croyance afin de produire le résultat escompté.

Il sera constaté au dernier verset que la vie de foi ou des gens de foi voulus par le Seigneur passera par le processus d'écoute et qui sera de source approuvée du Seigneur.

C'est pourquoi il sera dit conformément au contenu du verset que la foi vient de ce qu'on entend, et ce qu'on entend vient de la parole de Christ.

Revenons à présent à notre sujet d'étude pour rappeler que Dieu allait exprimer le désir d'avoir l'homme à son image et selon sa ressemblance.

Et pour cela, après l'avoir créé et formé comme ce fût le cas de ses autres œuvres, allait placé celui-ci dans un jardin fait de ses propres mains à Eden et lui communiquer sa personne, son identité au moyen de la parole qui est à la fois lui-même et lumière pour éclairer ce dernier.

L'homme devra recevoir ces informations à partir de ses oreilles pour son cœur et la gestion dont il en fera déterminera le résultat escompté de Dieu.

Ceci dit que son obéissance à ces instructions traduirait son image et sa ressemblance avec Dieu.

Sa croyance ou sa bonne attitude à l'égard de ces instructions divines deviendra un pouvoir entre ses mains pour la gestion efficiente des capacités de domination et d'assujettissement dont il était dotées au moment où on le créait.

Nous retenons par celà que Dieu était dans sa parole en direction et à destination du cœur de l'homme pour réaliser son vœu ou sa prophétie, celui de contempler l'homme en train de vivre et d'agir sur la terre comme lui.

L'homme ne devrant pas prendre des décisions n'importe comment au risque de courir à sa propre perte, il s'avère important et judicieux qu'il dispose d'un référentiel de vie et de gestion face au grand patrimoine divin sur lequel il sera établi et par la suite rendre compte.

Et en conclusion à ce chapitre, il convient de retenir que le caractère supérieur de l'homme sur les autres œuvres de Dieu réside dans la volonté souveraine de celui-ci à partager avec lui son image et sa ressemblance, ce qui était l'ombre de la vie par la foi en Jésus-Christ qui sera effective dans le temps et qui tournera autour de son libre arbitre.

Et c'était l'image du discipolat que viendra introduire plus tard le ministère du seigneur et sauveur Jésus-Christ.

Adam aurait réussi à devenir le disciple qui se traduit par le partage de l'image et la ressemblance de Dieu son créateur et son directeur s'il s'était soumi aux instructions qu'il avait reçues et qui traduisaient la personnalité complète de ce Dieu invisible et qui l'avait choisi à dessein parmi les multitudes de ses œuvres pour le représenter sur la terre.

Le seigneur Jésus-Christ dira plus tard à ceux qui avaient cru en lui surtout que toute éventuelle relation avec Dieu commence par la croyance, que s'ils demeuraient dans sa parole, ils seront réellement ses disciples, et ainsi, ils connaîtront la vérité et celle-ci les rendra libre d'après le contenu du livre de Jean au chapitre huit, verset trente et un, et deux.

Chapitre : 5

Etude de l'implantation de Dieu dans la vie problématique de l'homme

Ce chapitre nous permettra d'identifier la cause et le commencement des problèmes dans la vie de l'homme à qui les clés de la gestion de la terre ont été remises.

En effet, Dieu sans l'aide et le conseil de qui que ce soit avait décidé à la création de toutes ses œuvres que l'homme l'une d'entre les multitudes puisse partager son image et sa ressemblance avec lui.

Dieu étant esprit, il était normale qu'on attendrait pas une quelconque image ou ressemblance avec ce dernier au moyen des traits physiques qui pouvaient s'afficher sur le corps de l'homme.

Et comme nous l'avions suffisamment développé dans les chapitres précédents, il convient de rappeler que la réalisation de ce vœu cher à Dieu le créateur passerait par l'obéissance de l'homme envers les instructions divines qu'il avait reçues une fois placé dans le jardin d'Eden et qui se présenteront comme suit.

Genèses : 2 V 16 -17.

L'Eternel Dieu donna cet ordre à l'homme : Tu pourras manger de tous les arbres du jardin, mais tu ne mangeras pas l'arbre de la connaissance du bien et du mal, car le jour où tu en mangeras, tu mourras.

Ainsi, il sera donné à l'homme la liberté d'accès à certains fruits pour lui servir de produits de consommation dans le jardin et en même temps l'interdiction à l'égard d'autres toujours présents dans le même jardin et dont la désobéissance est passible de conséquences.

Nous avions démontré précédemment que l'obéissance à ce dispositif instructif était la seule condition pour conduire l'homme à l'expérience du partage de l'image et de la ressemblance avec son Dieu.

Il faut aussi rappeler que ces informations qui étaient mises à la disposition de l'homme traduisaient la personne de Dieu et restaient essentielles en tant que connaissance pour permettre à l'homme de mener une vie conforme à la volonté et l'aspiration de son créateur.

L'homme dans son état ponctuel à l'intérieur du jardin d'Eden devrait être considéré comme un enfant qui venait à peine d'être mis au monde et avait impérativement besoin de l'orientation et de la direction d'un parent ou tuteur pour sa bonne croissance.

Il peut encore être considéré comme un employé si talentueux et compétant mais à qui s'impose malgré celà des directives afin de le prévenir des fautes administratives et des conflits interprofessionnels.

Ceci démontre que la volonté de Dieu d'avoir l'homme à son image et selon sa ressemblance avait pour but d'asseoir une bonne et solide relation entre eux et dans l'objectif de parvenir ensemble à une fin réussie de collaboration, et celà dans une approche relationnelle d'employé à l'employeur.

Et celà, comme il est aussi naturel que toute relation ou collaboration nécessite des compromis de part et d'autre.

Amos : 3 V 3.

Deux hommes marchent-ils ensemble,

Sans être convenu ?

Voilà pourquoi il sera dit un peu plus tard ce qui suit : Mes pensées ne sont pas vos pensées et mes voies ne sont pas vos voies.

Aussi distants les cieux sont élevés au-dessus de la terre, ainsi mes pensées sont éloignées de vos pensées et mes voies de vos voies.

Ces éléments pris en considération nous permettent de découvrir l'état d'âme de Dieu à travers cette démarche envers l'homme et qui est l'expression de son amour pour ce dernier et celà pour la première fois de l'histoire de l'humanité.

Ainsi, Dieu soucieux de la réussite de l'homme dans sa mission pour laquelle il avait été créé et formé, allait mettre à sa disposition des informations susceptibles de lui garantir une fin heureuse de collaboration.

Il faut noter que ces informations présentent deux différents volets lesquels traduisaient la personnalité de Dieu qu'il s'avérait indispensable à l'homme de détenir en matière de connaissance et qui seront plus tard révélés telles, la grâce et la loi ; la liberté et l'interdit ou encore Jésus-Christ et Moïse.

On notera en conséquence ce qui suit :

Genèses : 2 V 16 - 17

L'Eternel Dieu donna cet ordre à l'homme : Tu pourras manger de tous les arbres du jardin, mais tu ne mangeras pas l'arbre de la connaissance du bien et du mal, car le jour où tu en mangeras, tu mourras.

D'après le contenu des versets ci-dessus nous pouvons dégager les deux volets que renferment l'instruction divine qui n'est rien d'autre que l'interprétation de la personne sainte ; juste et parfaite de Dieu et qui restent indivisibles et indissociables.

Pour ce qui concerne le volet de la liberté, on retiendra ce qui suit :

Tu pourras manger de tous les arbres du jardin. Ce qui correspond à la grâce, la liberté et incarne la personne du seigneur et sauveur Jésus-Christ.

Pour ce qui concerne le volet de l'interdit, on retiendra ce qui suit :

Mais tu ne mangera pas de l'arbre de la connaissance du bien et du mal. Ce qui correspond à la loi, à l'interdit et incarne la personne du prophète Moïse.

Nous rappelons ainsi que ces deux volets ou personnages constituent les deux visages par lesquels Dieu s'est révélé à l'humanité toute entière et celà dans une démarche de complémentarité en sorte que la bonne compréhension des deux restent indispensables pour une prétendue connaissance parfaite de Dieu.

Ainsi, de ces deux emblématiques figures divines naîtront les deux grandes sagesses ; les deux principales doctrines pour aboutir aux deux principaux ministères de la Bible.

D'un point à l'autre de ces différentes lignes de notre développement, nous allons à présent nous intéresser à la réponse relative à l'implication de Dieu dans la vie problématique de l'homme.

Ceci étant, il convient de rappelons que Dieu dans toute sa souveraineté va vouloir que l'homme soit à son image et selon sa ressemblance et pour ce fait, décidera de le placer dans un jardin qu'il avait planté en Eden en mettant à sa disposition les instructions par lesquelles ce dernier pouvait effectivement accéder à une si haute dimension de son existence.

Ces instructions ayant présenté deux différents volets de lecture à l'homme à qui la preuve du sérieux nécessaire s'impose pour éviter de subir les revers d'une attitude irréfléchie à l'égard d'elles.

Mais la suite des évènements nous révéleront que l'homme fera preuve de légèreté par son attitude envers le volet interdit des instructions en s'alliant avec une voix étrangère qui réussira à le détourner de la direction que Dieu lui avait prescrite et les conséquences ne tarderont pas à le suivre.

Genèses : 3 V 4 - 6.

Alors le serpent dit à la femme : Vous ne mourrez point ; mais Dieu sait que le jour où vous en mangerez, vos yeux s'ouvriront et vous serez comme des dieux connaissant le bien et le mal.

La femme vit que l'arbre était bon à manger ; et agréable à la vue, et qu'il était précieux pour ouvrir l'intelligence ; elle prit de son fruit et en mangea. Elle en donna à son mari qui était auprès d'elle et il mangea.

Le contenu des versets ci-dessus nous démontreront que l'homme n'a pas pu gérer la femme qui avait été placée à ses côtés au point que cette dernière n'aura pas hésité à choisir la voix du serpent qui avait fait irruption dans le jardin contre celle de Dieu leur créateur et légitime directeur.

Il importe de souligner que le serpent bien conscient de son objectif ne les abordera pas à partir du volet de la liberté mais plutôt de l'interdit parce qu'à lui sont directement rattachées les sanctions.

Ainsi les derniers mots de la parole instructive divine aux oreilles de l'homme pouvaient se présenter en des termes ci-après : Car le jour où tu en mangeras, tu mourras.

Et alors, la femme était encore dans les côtes de l'homme afin que le bonheur ou le malheur de l'un implique directement l'autre.

L'homme à travers la femme apprendra une nouvelle information carrément différente de celle qu'il détenait de la part de son Seigneur et ceci à l'égard du même fruit et n'hésitera à se détourner de ce dernier pour se fixer son propre but, celui donc de devenir comme des dieux comme le leur avait promis le séducteur, le serpent.

Ils auront manqué le but qu'ils s'étaient eux-mêmes fixé en s'appuyant sur les déclarations séduisantes et mensongères de lucifer dans la peau du serpent et on parlera de l'avènement du péché pour la première fois de l'histoire de l'humanité.

Et ce sera le commencement de la vie problématique de l'homme et de la femme et celà pour tout le reste de leur vie sur terre.

L'homme tombera ainsi sous les autorités captives du péché ; de la mort et par dessus tout le diable et maintenir sous la malédiction de la loi.

L'homme étant préparé pour servir à la volonté de Dieu son créateur, perdra un si grand privilège avec incapacité de faire même sa propre volonté mais plutôt celle du diable et du péché desquels il était devenu esclave et lié par l'obligation de soumission.

La suite à cet événement relatif à la connaissance du péché sera caractérisée par des déclarations sentencieuses à l'endroit de chacun des acteurs impliqués dans cet acte de mépris envers l'autorité souveraine du grand et redoutable Dieu créateur de toute chose y compris lucifer même.

L'homme sera en conséquence exposé à toutes les formes de souffrances sans la moindre capacité solide de défense pour avoir perdu au profit du diable les pouvoirs de la domination et de l'assujettissement de toute la terre que Dieu lui avait donnés.

Mais le point capital de ce chapitre concerne la part de Dieu dans la vie problématique de l'homme lorsqu'on considère la voie empruntée par le serpent pour pouvoir venir à bout de son objectif.

Celà revêt aussi un caractère de responsabilité et devient d'autant plus important lorsque Dieu va décider de mettre le comble à son amour pour l'homme en vue de son salut et celà par le don sacrificiel de son Fils unique sur l'autel de la croix.

Mais pourquoi Dieu devra-t-il continuer de penser à l'homme qui avait délibérément choisi de suivre la voie de l'étranger contre celle de son créateur et son Dieu jusqu'à prendre la lourde décision de sacrifier son seul et unique Fils en qui il mettait toute son affection ?

Mathieu : 3 V 17 ; Jean : 3 V 16.

Et voici, une voix fit entendre des cieux ces paroles :

Celui-ci est mon Fils bien-aimé, en qui j'ai mis toute mon affection.

Car Dieu a tant aimé le monde qu'il a donné son Fils unique, afin que quiconque croît en lui ne périsse point, mais qu'il ait la vie éternelle.

Celà va même nous plonger dans un récent souvenir d'échange de réflexion où un jeune homme curieux et très préoccupé demandait à comprendre les motivations de Dieu le créateur de toutes choses tant visibles qu'invisibles de livrer son Fils unique à la mort pour sauver l'homme des atrocités du diable au lieu de tuer directement ce dernier puisqu'il reste après tout son créateur ?

Et c'était une préoccupation vraiment sincère et sérieuse qui agite plus d'un des croyants lesquels certainement seront éclairés après la découverte du contenu de cet ouvrage...

Rappelons ici et maintenant que lucifer existait bien avant la création de l'homme et pouvait même parcourir autant que Dieu le jardin d'Eden où l'homme fut placé après que l'Eternel son Dieu l'ai donné une forme physique et le mouvement à partir du souffle de vie qu'il avait reçu par les narines.

Cependant, lucifer n'avait trouvé aucune occasion favorable susceptible de se projeter contre la vie de l'homme jusqu'au jour où celui-ci avait reçu les instructions divines au sujet desquelles nous nous étions largement penchées.

Romains : 7 V 7 - 8.

Que dirons-nous donc ?

La loi est-elle péché ? Loin de là !

Mais je n'ai connu le péché que par la loi. Car je n'aurais connu la convoitise, si la loi n'eût dit tu ne convoiteras point.

Et le péché, saisissant l'occasion, produisit en moi par les commandements toute sorte de convoitise, car sans loi le péché est mort.

Et sur ce point, nous avions révélé le caractère mystérieux de ces instructions lesquelles traduisaient la personne complète de Dieu au travers de la grâce et de la loi ou la foi et la croyance.

Il faut remarquer que la loi caractérisée par l'interdit et à laquelle étaient directement rattachées les conséquences à sa désobéissance, n'était pas en première ligne de cette instruction mais plutôt la grâce qui correspond à la liberté.

Cependant, ce sera sur ce volet de l'instruction divine que lucifer désormais le diable et satan sous la figure du serpent allait conduire l'homme pour être sûr de réussir à amener ce dernier à provoquer la colère de Dieu par son acte d'indiscipline.

Il réussira son job sur l'homme non en apportant quelque chose de nouveau dans le jardin mais par l'usage approprié de la même instruction qui provenait de Dieu.

Genèses : 3 V 4 - 6.

Alors le serpent dit à la femme : vous ne mourrez pas, mais Dieu sait que le jour où vous en mangerez, vos yeux s'ouvriront, et vous serez comme des dieux, connaissant le bien et le mal.

La femme vit que l'arbre était bon à manger et agréable à la vue , et il était précieux pour ouvrir l'intelligence.

Elle prit de son fruit et mangea, elle en donna aussi à son mari qui était auprès d'elle, et il en mangea.

Il va de ce part vouloir même se défendre devant Dieu puisque sa propre chute de la position de lucifer c'est à dire l'ange de lumière, était liée à ce même volet dont la loi ou l'interdit.

Il se serait engagé dans un nouveau job en direction de l'homme et sera qualifié d'accusateur des frères puisqu'entre temps une relation fraternelle allait voir le jour.

Il importe aussi de retenir que la cible principale de lucifer dans le rôle de satan n'était pas l'homme mais plutôt Dieu afin de lui signifier qu'il était de nature très compliquée et difficile de collaboration.

Oui, des arguments pour justifier son acte délibéré de convoitise et de rébellion contre l'ordre royal et céleste.

Ainsi, si l'homme que Dieu de tout son vœu souhaitait hisser à une position supérieure à celle qu'avait jusque-là occupée lucifer avait échoué, il va de quoi, que Dieu lui-même se mette en cause en cherchant le problème de son propre côté et non à l'endroit de ses créatures.

Et ce sera le cœur de lucifer et la source de ses motivations conflictuelles, lesquelles vont même lui priver du repos pour la suite de ses jours en attendant le jugement dernier.

Esaïe : 14 V 11 - 15 ; Apocalypse : 12 V 10.

Et j'entendis dans le ciel une voix forte qui disait : Maintenant le salut est arrivé, et la puissance, et le règne de notre Dieu , et l'autorité de son Christ, car il a été précipité, l'accusateur de nos frères, celui qui les accusait devant notre Dieu jour et nuit.

C'est en tenant donc compte de celà que Dieu va reconsidérer la chute de l'homme en le prenant pour victime de la mauvaise appréhension ou gestion de sa loi sans laquelle l'évènement du péché n'aurait absolument pas lieu et par conséquent prendre sur lui la responsabilité de racheter l'homme par une sagesse hautement qualifiée pour assurer le salut de l'âme de ce dernier.

Et ce sera la rédemption, à la fois en tant que réponse appropriée à la ruse de lucifer et solution unique et mystérieuse pour racheter l'homme.

Il fera en conséquence appelle à la grâce, la foi, la liberté incarnée par le seigneur et sauveur Jésus-Christ.

Jean : 1 V 17.

Car la loi a été donnée par Moïse, la grâce et la vérité sont venues par Jésus-Christ.

Ainsi, le don de la connaissance de la loi à l'homme sera révélé l'élément essentiel pour la cause de sa vie problématique sachant bien que celle-ci communique sur la personnalité de Dieu et était donnée à l'homme dans le rôle et mission d'enseignante.

Ainsi s'achève l'étude de l'implication de Dieu dans la vie problématique de l'homme.

Chapitre : 6

Etude de l'attitude responsable de Dieu face aux problèmes de l'Homme.

A présent, nous pouvons aborder l'étude relative à l'attitude responsable de Dieu face aux problèmes de l'homme.

Et comme nous l'avions déjà commencé à travers nos précédents chapitres, l'Eternel Dieu ne se contentera pas de la situation périlleuse dans laquelle l'homme s'était retrouvé pour s'être laissé séduire et convaincre par le diable.

Mais il allait d'abord laisser l'homme évoluer dans sa nouvelle aventure entreprise hors du jardin d'Eden puisqu'il aura été chassé dudit jardin dans lequel il n'y avait pas de place pour une quelconque vie de péché.

Il sera accompagné de sa femme et les deux entreprendront ensemble des projets de vie puisqu'ils restent malgré tout féconds et pouvaient se multiplier conformément à la vie qu'ils avaient reçue à travers les narines et qui reste purement charnelle.

Genèses : 3 V 23 ; 5 V 1 - 3.

Et l'Eternel Dieu le chassa du jardin d'Eden, pour qu'il cultiva la terre, d'où il avait été pris .

Lorsque Dieu créa l'homme, il le fit à la ressemblance de Dieu. Il créa l'homme et la femme ,il les bénit et il les appela du nom d'homme, lorsqu'ils furent créés.

Adam, âgé de cent trente ans, engendra un fils à sa ressemblance , selon son image, et il lui donna le nom Seth.

Il sera ainsi dit d'après le contenu de l'un des versets ci-dessus que l'Eternel chassera l'homme du jardin pour qu'il puisse cultiver la terre de laquelle il avait été pris.

Celà annonçait que la vie d'Adam dès ce moment devenait purement charnelle et ne pouvait plus ressembler à Dieu comme prévu, parce que l'esprit de l'homme était mort pour avoir manqué de ce qui devrait lui donner la vie et le maintenir tel pour le reste de son existence et qui était la connaissance par obéissance à l'instruction divine qui lui avait été donnée.

Cette étape de la vie de l'homme sera officialisée par les soins du prophète Moïse que nous le rappelons était l'incarnation du second volet du contenu de ces fameuses instructions divines données à l'homme pendant qu'il était encore dans le jardin d'Eden et qui était caractérisé par l'interdit.

Ce qui va aboutir à sa promulgation dans le but divin de permettre à l'homme de grandir dans la conscience de fautif c'est à dire du péché conformément au chemin qu'il avait choisi, celui de devenir des dieux.

Dieu en effet, va lui conserver la vie charnelle sur la terre et mettre à sa disposition tout ce qui paraît nécessaire pour lui de connaître de Dieu et des choses ayant rapport avec lui.

Mais puisqu'en ce moment l'homme était déjà sous la conduite et le contrôle exclusif du diable ou satan ne faisait que prendre Dieu au défi pour ce qui concerne les quelques informations divines susceptibles de le soulager dans ses peines quotidiennes et de lui faire prendre conscience d'une si grave erreur qu'il avait commise pour avoir choisi de rejeter la voie de son Dieu contre celle de l'étranger.

Mais l'homme n'en démordait point puisqu'à part le diable qui le tourmentait continuellement par toutes les formes d'oppression et de pression psychologique, il avait un autre maître de qui dépend même le diable et qui ne laissait absolument aucune chance à l'homme de pouvoir s'en sortir.

Et ce sera le péché en tant que nature, celle découverte par l'homme pour avoir fait allégeance au diable puisqu'elle ne pouvait jamais se soumettre à Dieu et ne se sent normal qu'en opposition à tout ce qui vient de Dieu.

Romains : 7 V 11 - 13 , 23 - 24.

Mais je vois dans mes membres, une autre loi, qui lutte contre la loi de mon entendement , et qui le rend captif de la du péché qui est dans les membres.

Misérable que je suis ! Qui me délivrera du corps de cette mort ?

L'Eternel Dieu va permettre que l'homme, avec sa conscience de péché découvre tout ce qui était de lui et était à la portée de son statut d'homme de péché.

Il connaîtra la vie d'adoration selon sa nature et les différentes activités entrant dans le cadre des cultes en l'honneur de Dieu.

Il n'aura pas de moyen de défense face au mystère de la mort et ne fera que subir les raffles de celle-ci partout sur son chemin.

Dans l'idée de préserver sa race de l'instinction en vue du plan de rachat que avait déjà mis en place au lendemain de sa chute devant la tentation du diable, il lui sera offert en conséquence le ministère de la repentance lequel n'était pas qualifié pour le délivrer de la captivité du péché, de la domination du diable et de la malédiction de la loi mais plutôt de lui préserver la vie charnelle jusqu'à la manifestation de la solution en réponse à sa situation.

Mathieu : 3 V 5 - 10.

Les habitants de Jérusalem, de toute la Judée, et tout le pays des environs du Jourdain, se rendaient auprès de lui ; et confessant leurs péchés, ils se faisaient baptiser par lui dans le fleuve du Jourdain.

Mais, voyant venir à son baptême beaucoup de pharisiens et de sadducéens , il leur dit : Races de vipère, qui vous appris à fuir la colère à venir ?

Produisez donc du fruit digne de la repentance , et ne prétendez pas dire en vous-même : nous avons Abraham pour père, car de ces pierres ci, Dieu peut susciter des enfants à Abraham.

Cependant, revenons un peu aux motivations du diable pour s'accrocher sans relâche à la loi qui malgré le visage qu'elle présente, est sainte juste et parfaire et traduit en partie la personne de Dieu.

Et si c'était le cas, y-a-t-il quelque chose de commun entre Dieu et le diable, entre la lumière et les ténèbres, entre la vie et la mort ?

Nous répondons sans en mage par la négation à cette interrogation pour ainsi dit, non !

Non, il n'y a absolument rien de commun entre Dieu et le diable.

Cependant, l'attachement du diable à la loi qui témoigne du statut juste et parfait de Dieu est de pouvoir s'en servir pour accuser l'homme faible et captif du péché devant la sainteté de Dieu et s'assurer des conséquences du péché sur la vie du pécheur dont la mort en premier lieu, ce qui tuerait ou réduirait l'espoir ou l'espérance de vie et du rachat de l'homme à l'égard d'un probable salut de l'âme de ce dernier.

Ce faisant, le diable avait à cœur de déjouer complètement le plan et le projet de Dieu à l'égard de l'homme pour l'avoir créé. Ce qu'il avait d'ailleurs commencé depuis le jardin d'Eden afin de tenter de récupérer sa position dans l'ordre structurel divin quand il n'y aura plus aucun homme pour prévaloir une position aussi élevée dans l'ordre de Dieu.

C'est donc pour cette raison que Dieu de façon préventive, allait initier le ministère de la repentance à partir duquel l'homme pouvait offrir des sacrifices de culpabilité et d'expiation comme moyen approuvé à cette époque pour se rachater devant la loi et se préserver de la mort quoique conservant sa nature de péché.

On parlait à l'époque du culte des sacrifices journaliers et celà sous l'autorité organisationnelle des anges et la coordination de la loi.

Et c'était la première alternative que Dieu avait mise en place pour préserver la vie charnelle de l'homme de la mort et de l'extermination, lui qui était déjà mort dans le domaine de l'esprit.

Celà devrait rester ainsi jusqu'à l'époque fixée par le Seigneur pour amener à accomplissement la prophétie de vengeance qui passera par la postérité de la femme en vue du salut de tout ce qui sortira des entrailles de celle-ci.

Genèses : 3 V 15 ; Jean : 3 V 14 - 16.

Je mettrai inimitiés entre toi et la femme, entre ta postérité et sa postérité ; celle-ci t'écrasera la tête, et, tu lui blesseras le talon.

Et comme Moïse éleva le serpent dans le désert, il faut de même que le Fils de l'homme soit élevé, afin que quiconque croît en lui ait la vie éternelle.

Car Dieu a tant aimé le monde qu'il a donné son Fils unique afin que quiconque croît en lui ne périsse point mais qu'il ait la vie éternelle.

Ainsi Dieu, très préoccupé en ce qui concerne l'avenir de l'homme qui était permanament sous la menace de la mort et de l'extermination, allait prendre de telle disposition en réponse à cette situation et qui était l'ombre de la véritable solution face à la menace permanente de la mort sur l'homme et la captivité du péché sous lequel il était retenu.

L'homme devra perdre tout espoir en ce qu'il n'y avait plus ni fort ni faible, ni intelligent ni idiot, ni sage ni barbare face à la terreur de la mort qui n'arrêtait de les surprend à n'importe quel âge de leur vie.

Ils ne seront en réalité plus différents des animaux en ce qu'ils naissent tous à un moment de la vie et meurent également à un autre moment et aussitôt leurs mémoires et leurs bonnes ou mauvaises œuvres disparaissent puisqu'il y avait toujours un autre bon ou moins bon qui venait occupé la place et le lieu qu'ils avaient laissé pour rejoindre le séjour des morts.

Celui qui avait reçu la grâce d'analyser autrement les évènements pouvait conclure qu'il s'agissait de la vanité des vanités et que tout était vanité.

Ecclésiaste : 9 V 2 , 5 - 6 ; Esaïe : 22 V 13.

Tout arrive également à tous ; même sort pour le juste et pour le méchant, pour celui qui est bon et pur et pour celui qui est impur, pour celui qui sacrifie et pour celui qui ne sacrifie pas ; il en est du bon comme du pécheur, de celui qui jure comme de celui qui craint de jurer.

Les vivants, en effet, savent qu'ils mourront ; mais les morts ne savent rien, et il n'y a pour eux plus de salaire, puisque leur mémoire est oubliée.

Et leur amour, et leur haine, et leur envie, ont déjà péri ; et ils n'auront plus jamais aucune part à tout ce qui se fait sous le soleil.

Et voici de la gaité et de la joie ! On égorge des bœufs et on tue des brebis,

On mange de la viande et on boit du vin :

Mangeons et buvons, car demain nous mourrons !

Et encore le contenu de certains versets ci-dessus nous montre clairement le degré du désespoir que l'homme avait atteint pour être déconnecté de la dimension de l'éternité laquelle relève du domaine de l'esprit c'est à dire de Dieu pour se retrouver captif entre les mains de maître et de tyran du péché et du diable.

Plein de passages à travers les saintes écritures retraçaient cette mésaventure que l'homme avait connu et enregistré de génération après génération et n'eut été la miséricorde de Dieu, l'homme n'aurait même pas connu de rejeton pour venger sa race et la sauver de l'extinction et de l'extermination.

L'ensemble des évènements entrant dans le cadre de cette dégoûtante histoire de l'humanité sera considéré comme celle de la d'échéance de l'homme et de ses conséquences sur le monde terrestre.

Et ce sera avec ces mots que nous mettons terme à l'étude relative à l'attitude responsable de Dieu face aux problèmes de l'homme.

Chapitre : 7

Etude de la solution réponse de Dieu face à la d'échéance de l'Homme.

(la Rédemption)

Ce chapitre qui est le dernier de notre livre revêt de par son contenu un caractère hautement spirituel et d'une si grande importance qu'il mérite toutes les attentions d'un bon lecteur qui aspire à capitaliser ce livre qui est l'expression profonde de la sagesse de Dieu.

Et comme nous l'avions évoqué dans nos précédents chapitres, c'est le lieu de nous accentuer sur la démonstration de la puissance souveraine de Dieu face à la question du péché.

C'est le lieu de permettre à ceux des croyants qui ont une connaissance vraiment limitée sur la signification du péché à la lumière de la pensée de Dieu lui-même et non des enseignements religieux et humains qui pullulent un peu partout dans le monde et occupent le cœur de la grande majorité des croyants.

Toutefois, celà paraît plus ou moins normal dans la mesure où la connaissance supposée des humains sur Dieu passe en premier par la sagesse religieuse laquelle ne présentait le péché que dans la figure des actes et tout ce qui a trait à la vie sensuelle de l'homme.

Celà dit qu'il faut comprendre par la vie sensuelle, ce niveau de conscience humaine qui se recentre sur les notions de l'obéissance et de la désobéissance en référence à l'acte qu'avait posé la femme d'Adam nommée Eve en suivant la voix du serpent pour aller toucher le fruit défendu de consommation par Dieu au moyen des instructions données à Adam.

Mais ce niveau de compréhension du péché se limite à la vue et à la raison humaine et n'avait absolument rien à avoir avec l'esprit quoique le péché est un esprit capable de posséder tout sujet neutre allant contre la personne de Dieu que communique la loi.

Lucifer sera le premier à faire l'expérience et dès lors ne pouvait plus se soumettre à l'ordre de Dieu son créateur jusqu'à se rébeller contre son autorité.

Les saintes écritures nous informeront qu'il avait réussi à entraîner un nombre peu considérable d'anges à son solde et sa suivante cible avait été l'homme au sujet de qui Dieu nourrissait de très grandes et précieuses ambitions.

Il faut rappeler que la porte d'accès que Dieu a prévu sur le corps humain pour servir de moyen de connexion entre le monde spirituel extérieur et celui de l'intérieur caractérisé par le cœur sont les oreilles.

Ainsi, Dieu qui est Esprit et qui a la parole pour premier élément de définition va décider de s'unir avec l'homme à partir de l'esprit de ce dernier lequel réside dans son cœur, allait emprunter la porte de ses oreilles pour lui faire parvenir ses instructions lesquelles témoignaient de la personne du souverain Dieu.

Nous croyons l'avoir suffisamment aborder dans nos précédents chapitres et à présent, l'occasion d'en faire davantage pour l'intérêt des uns et des autres.

Si Dieu qui avait créé l'homme et lui avait offert une structure corporelle émanant de sa propre sagesse devrait passer par ses oreilles pour atteindre son cœur, celà appelait à l'attitude consciencieuse de l'homme de faire bon usage de son libre arbitre en ouvrant son cœur pour recevoir Dieu en toute responsabilité et celà par la sagesse de la croyance.

L'homme étant divinement doté du libre arbitre dispose par celà de la capacité exceptionnelle d'approuver ou de rejeter une information reçue sachant bien que derrière chaque information se trouve un esprit.

Notons que dans cette réalité, accepter ou approuver une information correspond à faire allégeance à l'esprit qui se trouve derrière ladite information et puisque nous sommes dans le domaine de l'esprit, on parlera d'un contrat d'alliance entre les deux parties.

Et c'était la volonté de Dieu envers l'homme pour lui avoir donné des instructions lesquelles étaient des paroles sorties de lui et portaient sa personne ou son Esprit.

Mais l'homme dans la foulée devra prêter oreilles attentives à une nouvelle information qui lui proviendra du diable dans la figure du serpent et cette fois ci n'hésitera à l'approuver contre la première qu'il avait reçue.

Il aura fait allégeance à l'esprit qui était derrière cette nouvelle information et qui était celui que portait déjà lucifer désormais le diable et satan et qui était le péché.

Aini l'homme aura choisi de rejeter Dieu par sa parole et fait allégeance au diable qui portait en ce moment déjà la semence ou l'esprit du péché lequel il avait réussi à donner ou à semer en ce dernier.

Celui-ci aura connu le péché et on parlera de la connaissance du péché par le mécanisme ou la sagesse de la croyance puisque celle-ci est la base motrice de toute relation.

Romains : 7 V 9 - 9 , 17 - 20 ; 10 V 10 ; 2 Corinthiens : 5 V 21 ; Hébreux : 3 V 7 - 8 , 12 ; 4 V 3.

Car c'est en croyant du cœur qu'on parvient à la justice, et c'est en confessant de la bouche qu'on parvient au salut, selon ce que dit : l'écriture.

Celui qui n'a point connu le péché, il l'a fait devenir péché pour nous, afin que nous devenions en lui justice de Dieu.

C'est pourquoi, selon ce dit le Saint-Esprit : Aujourd'hui, si vous entendez sa voix,

N'endurcissez pas vos cœurs, comme lors de la révolte, le jour de la tentation dans le désert...

Prenez garde frères, que, quelqu'un de vous naît un cœur mauvais et incrédule, au point de se détourner du Dieu vivant.

Pour nous qui avons cru, nous entrons dans le repos, selon qu'il est écrit : Je jurai dans ma colère : ils n'entreront pas dans mon repos !

Il dit cela, quoique que ses œuvres eussent été achevées depuis la création du monde.

Nous découvrons clairement à partir des contenus de certains versets ci-dessus qu'à partir de ce jour qui avait signé l'acte d'allégeance de l'homme au diable qui a engendré le péché en lui, celui-ci ne pouvait même plus faire sa propre volonté avant de penser à celle de Dieu de qui lui et sa famille s'étaient détournés.

Et celà, non qu'ils ne le voulaient pas, mais plutôt ne le pouvaient parce que désormais captifs d'une force qui ne leur laissait aucun choix.

Il sera appelé péché et considéré au regard de Dieu comme le seul réel et véritable problème que l'homme avait et qui nécessitait une approche correspondante.

L'homme étant vaincu par le péché avait perdu tout le bon sens de sa personne et ne subissait continuellement la volonté de son cœur captif du péché lequel ne le conduisait chaque jour que vers le mal.

Genèses : 6 V 5 - 6 ; Romains : 7 V 17 - 19.

L'Eternel vit que la méchanceté des hommes était grande sur la terre, et que toutes les pensées de leur cœur se portaient chaque jour vers le mal.

L'Eternel se repentit d'avoir fait l'homme sur la terre, et il fut affligé en son cœur.

Et maintenant, c'est n'est plus moi qui le fais, mais c'est le péché qui habite en moi.

Ce qui est bon, je le sais, n'habite pas en moi, c'est à dire dans ma chair ; j'ai la volonté, mais non le pouvoir de faire le bien.

Car je ne fais pas le bien que je veux, et je fais le mal que je ne veux pas.

Il faut rappeler que l'Eternel Dieu avait exprimé son regret d'avoir fait l'homme sur la terre jusqu'à émettre l'intention de procéder à l'extermination de ce dernier et nous pouvons le découvrir dans l'un des contenus des versets ci-dessus.

Mais de quel homme parlait-il en ce moment, puisque celui-ci est constitué de deux domaines essentiels dont l'esprit et l'âme, lesquels sont couverts par le corps physique ?

On parle de l'homme spirituel et charnel, et le spirituel est créé tandis que le charnel en appelé animal est formé à partir de la poussière de la terre.

Genèses : 2 V 7 , 19.

l'Eternel Dieu forma l'homme de la poussière de la terre, il souffla dans ses narines un souffle de vie et l'homme devînt un être vivant.

L'Eternel Dieu forma de la terre tous les animaux des champs et tous les oiseaux du ciel, et il les fit venir vers l'homme, comment il les appelerait, et afin que tout être vivant portât le nom que lui donnerait l'homme.

En réponse donc à notre interrogation, il revient de souligner que l'expression de la colère de l'Eternel Dieu était orientée vers l'homme charnel ou animal qui correspond à l'âme de l'homme.

Oui c'est de l'âme de l'homme qu'il s'agissait et bien elle qui est l'élément féminin dans le constituant de l'homme et qui avait été la principale cible du diable pour s'assurer de réussir sa mission et d'atteindre son objectif.

Et c'était le message que le Seigneur allait faire passer pour avoir choisi de ne point former la femme comme ce fut le cas d'Adam mais plutôt de la tirer des côtes de l'homme afin que ce qui touche la femme implique directement la vie de l'homme puisqu'il s'agit de son âme.

Et vous pouvez ainsi comprendre la source de l'expression : le salut des âmes qui sera plutard utilisé lorsque les temps de restauration de l'homme seraient accomplis.

Il faut souligner qu'il y a plein d'aspects qui touchent ce mystère pourvu par le Seigneur en réponse à la situation chaotique de l'homme, mais également des points vraiment difficiles à expliquer pour cause principale de manque de connaissance de l'Evangile de la grande majorité des croyants.

1 Timothée : 2 V 3 - 4.

Celà est bon et agréable devant Dieu notre Sauveur, qui veut que tous les hommes soient sauvés et parviennent à la connaissance de la vérité.

Et comme le présentait le contenu du verset ci-dessus, Dieu dans toute sa souveraineté voulait que tous hommes soient sauvés et parviennent à la connaissance de la vérité, non d'après les hommes mais Dieu.

Mais nous avions démontré dans certains de nos précédents chapitres que Dieu qui avait en un premier temps décidé d'exterminer l'homme et tout le bétail de la surface de la terre, allait se repentir au regard du sacrifice que l'homme allait volontairement lui offrir, ce qui annonçait le ministère du rachat de l'homme qui sera caractérisé par certaines pratiques dont les offrandes de sacrifices par exemple, ce qui était l'ombre de la solution que Dieu apprêtait pour le salut de l'homme.

Il s'agira de l'œuvre de la rédemption.

La rédemption, oui la rédemption et encore la rédemption !

La solution divine ou le mystère qui a échappé à lucifer.

Commençons par rappeler comme nous l'avions suffisamment fait dans les précédents chapitres que l'histoire de l'humanité à partir de la Bible devrait être considérée comme un scénario qui met en affront Dieu, le créateur de tout l'univers et lucifer désormais le diable satan, et celà autour du sujet l'homme victime et captif du péché.

Nous l'avions souligner que son premier objectif dans cette affaire ne visait pas l'homme mais plutôt Dieu son créateur de qui il s'était retrouvé séparé pour avoir manqué de garder sa dignité structurelle et organisationnelle céleste.

Il avait été reconnu coupable par la loi qui traduit la personne juste et parfaite de Dieu pour se faire buter de sa position angélique, et avait ainsi pris la décision de travailler à faire tomber le projet de Dieu en direction de l'homme par usage de cette même loi divine afin d'essayer de présenter au monde un visage de Dieu purement erroné et truqué.

Et c'était son principal objectif, lequel il avait réussi à atteindre pour avoir éloigné l'homme de Dieu son créateur et son maître.

L'homme alors va faire la connaissance du péché et par celà découvrira une personnalité de Dieu travaillée au goût et au bon vouloir du diable.

Il serait au regard du pécheur un Dieu terrifiant, très dur et exigeant, inamical et très difficile et compliqué de collaboration et celà à la bonne satisfaction du diable.

Celà devrait amener l'homme à s'éloigner chaque jour de Dieu à cause de toutes les faussetés qui avaient été semées dans ses pensées et qui commandaient désormais sa personne.

L'homme était presque livré à lui-même comme s'il était libre mais toutefois sous l'esclavage du péché, et le contrôle de satan et la menace permanente de la mort quoique déjà mort d'esprit.

Nous avions rappelé que Dieu, toujours fidèle à lui-même allait initier le ministère du péché, de la mort ou encore de la condamnation par l'institution des cultes de sacrifices dans le but de préserver l'homme charnel, animal ou pécheur de l'extermination ou de l'extinction de sa race.

Et ces cultes d'adoration qui tournaient essentiellement autour des sacrifices tantôt journaliers et annuels étaient l'image ou la figure de ce qui allait se passer très prochainement et qui sera qualifié de la rédemption, c'est à dire, faire de l'homme une nouvelle création sans au préalable le détruire, le faire naître de nouveau sans qu'il ne soit physiquement mort au par-avent.

Jean : 3 V 3 ; Romains : 8 V 5.

Jésus lui répondit : En vérité, en vérité, je te le dis, si un homme ne naît de nouveau, il ne peut voir le royaume de Dieu.

Ceux en effet, qui vivent selon la chair s'affectionnent aux choses de la chair, tandis que ceux qui vivent selon l'esprit s'affectionnent aux choses de l'esprit.

Dieu, dans toute sa souveraineté allait décider de racheter l'homme qu'il avait pris pour victime de la manipulation et de la séduction du diable et en conséquence allait prévoir envoyer depuis les cieux un sauveur volontier pour affronter la mort au nom de l'homme pécheur et par lui toute l'humanité.

Il rassemblera à cet effet tout le conseil céleste autour de lui pour formuler solennellement la demande du volontier pour la cause de l'homme.

Esaïe : 6 V 8 - 13.

J'entendis la voix du Seigneur disant : Qui enverrai-je, et qui marchera pour nous ? Je répondis : Me voici, envoie-moi.

Il dit alors, Va, et dis à ce peuple : Vous entendrez, et vous ne comprendrez point , vous verrez, et vous ne saisirez point.

Rends insensible le cœur de ce peuple ; Endurcis ses oreilles, et bouche lui les yeux, pour qu'il ne voit point de ses yeux, n'entende point de ses oreilles , ne comprenne point de son cœur, ne se convertisse point et ne soit guéri.

Je dis, jusqu'à quand Seigneur ? Et il répondit : Jusqu'à ce que les villes soient dévastées et privées d'habitants, jusqu'à ce qu'il n'y ait personne dans les maisons et que le pays soit ravagé par la solitude.

Jusqu'à ce que l'Eternel ait éloigné les hommes et que le pays devienne un immense désert.

Et s'il en reste encore un dixième des habitants, ils seront à leur tour anéantis. Mais comme le térébinthe et le chêne conservent leur tronc quand ils sont abattus, une sainte postérité renaîtra de ce peuple.

Nous pouvons découvrir à partir du contenu du verset ci-dessus que la sentence de destruction de l'humanité était encore existentielle non pour satisfaire un quelconque appétit ou plaisir du Seigneur mais pour confirmer l'écart différentiel entre Dieu et le péché lequel définissait déjà la nature de l'homme déchu.

Toutefois, la fin des versets soulignera l'élément postérité comme point d'espoir et du rachat de l'homme conformément à la prophétie qui avait été annoncée au lendemain de la connaissance du péché de l'homme et qui était directement liée à la femme.

Genèses : 3 V 15.

Je mettrai inimitié entre toi et la femme, entre ta postérité et sa postérité : celle-ci t'écrasera la tête, et tu lui blesseras le talon.

Le verset ci-dessus pour confirmer le détail des informations que nous venons de présenter dans les précédentes lignes et celà paraît important en matière de référence pour permettre à certains de nos lecteurs plus ou moins délicats de découvrir le goût et l'habitude de la lecture biblique.

Mais il ne s'arrêtera pas en si bon chemin, puisqu'il n'aura jamais rejeté encore moins abandonné l'homme et ce sera l'occasion de communiquer sur la postérité en question.

Esaïe : 53 V 1 - 12 ; Luc : 4 V 16 - 21 ; Hébreux : 10 V 1 - 10.

Il se rendit à Jérusalem, où il avait été élevé, et selon sa coutume, il entra dans la synagogue le jour du sabbat. Il se leva pour faire la lecture, et on lui remit le livre du prophète Esaïe ; l'ayant déroulé, il trouva l'endroit où il était écrit :

L'Esprit du seigneur est sur moi, parce qu'il m'a oint pour annoncer une bonne nouvelle aux pauvres ; il m'a envoyé pour guérir ceux qui ont le cœur brisé ; pour proclamer aux captifs la délivrance et aux aveugles, le recouvrement de vue, pour renvoyer libre les opprimés et pour publier une année de grâce du seigneur.

Ensuite, il roula le livre, le remit au serviteur et s'assit. Tous ceux qui se trouvaient dans la synagogue avaient les regards fixés sur lui.

Alors il commença à leur dire : Aujourd'hui, cette parole de l'écriture que vous venez d'entendre s'est accomplie.

Nous pouvons donc découvrir à travers le contenu des versets ci-dessus quelques informations relatives à la personne de ladite postérité qui naîtra au temps fixé, des seins d'une femme vierge partageant la même nature héritière adamique dont le péché parce que née de la liaison d'un homme et d'une femme, mais qui concevra dans le cas de la postérité prophétique non d'un homme mais du Saint-Esprit afin de préserver ce nouveau-né de la race pécheresse.

Voilà ci-dessous la manière dont était arrivé en existence ce dernier depuis la conception jusqu'à sa naissance d'après les saintes écritures.

Esaïe : 9 V 5 - 6 ; Mathieu : 1 V 18 - 23.

Car un enfant nous est né, un fils nous est donné,

Et la domination reposera sur son épaule ;

On l'appellera Admirable, Conseiller, Dieu puissant, Père éternel, Prince de paix.

Donner à l'empire de l'accroissement,

Et une paix sans fin au trône de David et à son royaume,

L'affermir et le soutenir par le droit et par la justice.

Dès maintenant et à toujours ;

Voilà ce que fera le zèle de l'Eternel des armées.

Voici de quelle manière arriva la naissance de Jésus-Christ. Marie, sa mère, ayant été fiancé à Joseph, se trouva enceinte par la vertu du Saint-Esprit, avant qu'ils eussent habités ensemble. Joseph, son époux qui était un homme

de bien et qui ne voulait pas la diffamer, se proposa de rompre secrètement avec elle.

Comme il y pensait, voici un ange du Seigneur lui apparut en songe, et dit : Joseph, fils de David, ne crains pas de prendre avec toi Marie, ta femme, car l'enfant qu'elle a conçu vient du Saint-Esprit.

Elle enfentera un fils, et tu lui donneras le nom de Jésus ; c'est lui qui sauvera son peuple de ses péchés.

Tout celà arriva afin que s'accomplit ce que le Seigneur avait annoncé par le prophète :

Voici, la vierge sera enceinte, elle enfantera un fils,

Et on lui donnera le nom d'Emmanuel,

ce qui signifie Dieu avec nous.

C'est ainsi que cet enfant allait naître sans péché c'est à dire d'une race pure en référence à la personne mystérieuse du Dieu Très-Haut mais dans ce cas précis comme un nouveau Adam pour affronter le diable et le défier avec succès.

Cependant sa particularité sera d'autant plus grande et plus importante en ce qu'il allait se substituer volontairement à l'humanité captive du péché afin de subir conformément à la rigueur de la loi, la sentence réservée aux coupables de péché laquelle était celle de la mort en public c'est à dire de la honte.

Il pouvait le prophétiser lui-même pendant qu'il était encore dans le chapitre terrestre de sa mission en référence au contenu du verset ci-dessous.

Jean : 3 V 14 - 16.

Et comme Moïse éleva le serpent dans le désert, il faut de même que le Fils de l'homme soit élevé,

afin que quiconque croit en lui ait la vie éternelle.

Car Dieu a tant aimé le monde qu'il a donné son Fils unique, afin que quiconque croit en lui ne périsse point, mais qu'il ait la vie éternelle.

Le caractère hautement symbolique de ce chapitre nous impose de prendre en considération chaque élément jugé utile à son développement.

Ainsi, nous paraît très utile de nous replonger à la genèse de notre étude pour rappeler que la postérité dont il est question ici traduit le premier volet du contenu des instructions qui étaient données à Adam alors qu'il était encore dans le jardin d'Eden et qui était caractérisé par la liberté et la foi. Et sur ce point il peut paraître questionnaire à savoir ce qui en était du second volet des instructions pour devenir le premier et même sur lequel reposait le ministère de la mort et la condamnation.

En réponse à notre question, il convient de souligner que le premier volet sera relégué au second plan parce que c'est sur son contenu que le diable ou le serpent avait conduit l'homme afin de réussi à attaquer sa conscience et de semer en lui le péché.

Et puisque ce dernier sera désormais reconnu corrompu et coupable au regard de la loi, il sera divinement jugé normal et d'après la sagesse de Dieu de lui permettre de découvrir toutes les conséquences de son acte et si c'était possible de réaliser que le diable lui avait menti dans le but et l'objectif de l'éloigner de son Dieu qui lui avait donné ces instructions avec amour dans l'intention de l'amener à être comme lui lorsqu'il serait en train d'observer et de mettre en pratique le contenu des instructions.

Mathieu : 20 V 16 ; Romains : 3 V 9 - 12 ; 7 V 7.

Ainsi les derniers seront les premiers, et les premiers seront les derniers.

Quoi donc ! Sommes-nous plus excellents ? Nullement. Car nous avons déjà prouvé que tous, juifs et grecs, sont sous l'empire du péché,

selon qu'il est écrit : il n'y a point de juste,

pas même un seul ;

Nul n'est intelligent,

Nul ne cherche Dieu ;.

Tous sont égarés, tous sont pervertis ;

Il n'en a aucun qui fasse le bien,

Pas même un seul...

Que dirons-nous donc ?

La loi est-elle péché ?

Loin de là ! Mais je n'ai connu le péché que par la loi.

Car je n'aurais pas connu la convoitise si la loi n'eut dit : Tu ne convoiteras point...

Et il s'agissait d'une formation à laquelle Dieu soumettait l'homme qui était en ce moment un sujet neutre à façonner pour un lendemain meilleur.

C'est le lieu de révéler aux croyants que cette démarche était la figure du discipolat que le seigneur Jésus-Christ viendra officialiser à travers son ministère.

On lui notera les propos suivants :

Jean : 8 V 30 - 32 ; 9 V 27 - 29.

Comme Jésus parlait ainsi, plusieurs crurent en lui.

Il dit aux juifs qui avaient cru en lui : Si vous demeurez dans ma parole, vous êtes vraiment mes disciples ;

Vous connaîtrez la vérité, et la vérité vous affranchira.

Il leur répondit : je vous l'ai déjà dit, et vous n'avez pas écouté ; pourquoi voulez-vous l'entendre encore ? Voulez-vous aussi devenir ses disciples ? Ils l'injurièrent et dirent : C'est toi qui est son disciple, nous, nous sommes disciples de Moïse.

Nous savons que Dieu a parlé a Moïse ; mais celui-ci, nous ne savons d'où il est.

Il va alors parler de beaucoup de choses le concernant.

Mais il ne s'arrêtera pas là, puisqu'il allait leur signifier qu'il n'était pas venu abolir la loi, encore appelée Moïse et caractérisée par l'interdit, et qui était imagé par le premier volet du contenu des instructions, mais pour l'accomplir c'est à dire lui redonner son véritable sens en réparation à ce que le diable avait essayé de leur faire croire en semant dans leurs pensées l'inverse de la personne juste et parfaite de Dieu leur créateur.

Mathieu : 5 V 17 ; Romains : 7 V 12 - 13.

Ne croyez pas que je sois venu pour abolir la loi ou les prophètes ; je suis venu non pour abolir, mais pour accomplir.

La loi donc est sainte, et le commandement est saint, juste et bon.

Ce qui est bon a-t-il donc été pour moi une cause de mort ? Loin de là ! Mais c'est le péché, afin qu'il se manifestât comme péché en me donnant la mort par ce qui est bon, et que, par le commandement, il devint condamnable au plus haut point.

On notera que sa vie était pour confirmer la loi c'est à dire démontrer le caractère inséparable et indivisible des deux volets des instructions qui étaient les images ou figures de la grâce et de la loi et traduisaient la personne complète de Dieu.

A présent revenons à la suite de la mission de la postérité longuement décriptée, pour souligner qu'il sera poursuivi par le diable comme il en avait l'habitude de manière à assurer à sa nouvelle cible, une mort certaine dans la pensée de sceller son sort face à une quelconque espérance de salut.

Mais ce qui lui avait été caché non seulement à lui mais aussi à tous les autres créatures que ce soit dans le monde invisible comme visible était que celui qu'il s'efforçait à livrer à la mort avait le pouvoir de faire fléchir non seulement la mort mais aussi le séjour des morts.

Gloire à Dieu.

Actes : 2 V 23 - 24 ; 3 V 13 - 18 ; 1 Corinthiens : 1 V 23 - 24 ; 2 V 6 - 10.

Cet homme, livré selon le dessein arrêté, et selon la prescience de Dieu, vous l'avez crucifié, vous l'avez fait mourir par la main des impis.

Dieu l'a ressuscité en le délivrant des liens de la mort, parce qu'il n'était pas possible qu'il fût retenu par elle.

Le Dieu d'Abraham, d'Isaac et de Jacob, le Dieu de nos pères, a glorifié son serviteur Jésus, que vous avez livré et renié devant Pilate, qui était d'avis qu'on le relâchat.

Vous avez renié le Saint et le juste, et vous avez demandé qu'on vous accordât la grâce d'un meurtrier.

Vous avez fait mourir le Prince de la vie, que Dieu a ressuscité des morts ; nous en sommes témoins.

C'est par la foi en son nom que son nom a raffermi celui que vous voyez et connaissez ; c'est la foi en lui qui a donné à cet homme cette entière guérison, en présence de vous tous.

Et maintenant, frères, je sais que vous avez agi par ignorance, ainsi que vos chefs.

Mais Dieu a accompli de la sorte ce qu'il avait annoncé d'avance par la bouche de tous ses prophètes, que son Christ devrait souffrir.

Nous nous prêchons Christ crucifié ; scandale pour les juifs et folie pour les païens,

mais puissance de Dieu et sagesse de Dieu pour ceux qui sont appelés, tant juifs que Grecs.

Cependant, c'est une sagesse que nous prêchons parmi les parfaits, sagesse qui n'est pas de ce siècle, ni des chefs de ce siècle, qui vont être anéantis.

Nous prêchons la sagesse de Dieu, mystérieuse et cachée, que Dieu, avant les siècles, avait destiné pour notre gloire.

Sagesse qu'aucun des chefs de ce siècle n'a connue, car s'ils l'eussent connue, ils n'auraient pas crucifié le Seigneur de gloire.

Mais comme il est écrit, ce sont des choses que l'œil n'a point vues, que l'oreille n'a point entendues, et qui ne sont point montées au cœur de l'homme, des choses que Dieu a préparées pour ceux qui l'aiment.

Dieu nous les a révélées par l'Esprit.

Car l'Esprit sonde tout, même les profondeurs de Dieu.

Et ce sera le mystère de la rédemption qui sera l'œuvre d'un homme du nom de Jésus-Christ qui va légalement se livrer à la mort par l'autel symbolique des holocaustes désigné par la croix afin de pouvoir descendre dans les régions plus basses que la terre ; renverser toutes les puissances rattachées au diable dans la tâche de maintenir captive et en esclavage toute la race humaine et enfin ouvrir à nouveau le Ciel dont l'accès était resté fermé par la loi aux humains depuis l'avènement du péché.

2 Corinthiens : 5 V 21.

Celui qui n'a point connu le péché, il l'a fait devenir péché pour nous, afin que nous devenions en lui justice de Dieu.

Il s'agira de la plus grande démonstration de tous les temps de la puissance de Dieu pour rendre possible sa réconciliation avec l'homme de nature pécheresse sans que ce dernier ne soit naturellement et scientifiquement déclaré mort.

1 Corinthiens : 15 V 17 - 18

Et si Christ n'est pas ressuscité, votre foi est vaine, vous êtes encore dans vos péchés,

et par conséquent aussi ceux qui sont morts en Christ sont perdus.

Celà devient encore possible par la foi en cette information hautement spirituelle par laquelle tout ce qui ressort de la sagesse du monde des ténèbres est vaincu et tombé sous l'autorité de quiconque disposant d'une bonne compréhension de ladite nouvelle parce qu'il s'agit désormais de plus qu'une information, mais une bonne nouvelle, voir un pouvoir.

Mathieu : 28 V 18

Jésus s'étant approché, leur parla ainsi :

Tout pouvoir m'a été donné dans le ciel et sur la terre.

Il faut rappeler que ce qui a été le plus grand souci des hommes sur cette terre et l'est jusqu'à présent, qu'ils soient riches ou pauvres, forts ou faibles, connaissants ou ignorants, scientifiques ou conservateurs, intelligents ou idiots pour ne citer que ceux-là reste la réalité de la mort.

Oui La mort ! Elle reste un adversaire mental et psychologique, un mythe que la sagesse des hommes à travers les temps ; les âges et des générations après générations n'a pu percer pour l'avoir toujours appréhender dans la chair comme des mortels alors qu'ils sont des esprits dans des corps dégradables d'après le mystère de la rédemption.

Hébreux : 7 V 22 - 23

Jésus est par celà le garant d'une alliance plus excellente.

De plus plus, il y a eu des sacrificateurs en grand nombre, parce que la mort les empêchait d'être permanents.

Etude spéciale sur le mystère de la rédemption.

Cette étude spéciale n'était pas enregistrée dans le sommaire du livre cependant, paraît aussi importante que chacune des lignes le constituant.

Celà devient encore plus important dans la mesure où la rédemption devrait être perçue comme la réponse parfaite et la plus efficace que l'Eternel Dieu allait de toute sa souveraineté infliger à lucifer en vue de la délivrance et de la restauration de l'homme victime du péché, et en considération de certains versets ou textes des saintes écritures qui seront mis à profit pour dégager les éléments susceptibles de révéler ce mystère lequel reste le point central de tout le contenu de cet ouvrage.

Il faut rappeler que plusieurs passages des saintes écritures répondent bien à la question relative à la rédemption cependant, nous allons nous servir d'un seul parmi les multitudes pour corroborer notre travail lequel nous l'estimons en valait vraiment la peine.

En celà, la connaissance ou la bonne compréhension du mystère de la rédemption s'avère aussi important qu'il revient à chaque croyant de la foi chrétienne d'en faire la priorité de ses priorités parce qu'il s'agira de la source du repos et de la paix qui ne s'appuient pas sur le matériel ou les relations interpersonnelles comme ce qui fait courir le monde au jour le jour sans jamais lui offrir une porte de sortie, mais de parvenir à le surpasser surtout qu'il ne pouvait absolument rien garantir parce que reposant sur du mensonge et la vanité des choses.

Vivre la rédemption, c'est mener une vie terrestre au-dessus du commun des mortels, dans une conscience pure et la mentalité de dieu surtout que les dieux ne meurent pas.

Vivre la rédemption, c'est parvenir à transcender les dispositifs de tous ordres que le diable a réussi à mettre en place dans le monde pour combattre la foi en maintenant les gens dans l'ignorance de manière à les éloigner continuellement de leur créateur et de son bras tendu pour les secourir.

Étudions à présent le texte suivant.

Galates : 4 V 1 - 7.

Or, aussi longtemps que l'héritier est enfant, je dis qu'il ne diffère en rien d'un esclave, quoiqu'il soit le maître de tout ;

Mais il est sous des tuteurs et des administrateurs jusqu'au temps marqué par le père.

Nous aussi, de la même manière, lorsque nous étions enfants, nous étions sous l'esclavage des rudiments du monde ;

Mais lorsque les temps ont été accomplis, Dieu a envoyé son Fils, né d'une femme, né sous la loi,

Afin qu'il rachetât ceux qui étaient sous la loi, afin que nous reçussions l'adoption.

Et parce que vous êtes fils, Dieu a envoyé dans vos cœurs l'Esprit de son Fils, lequel crie : Abba ! Père !

Ainsi tu n'es plus esclave, mais fils ; et si tu es fils, tu es aussi héritier par la grâce de Dieu.

Du contenu des versets ci-dessus, il sera question d'un personnage dans le statut d'hériter mais qui serait à l'âge d'enfance, et à cause de cet âge, il serait considéré moins qu'un fils, mais égal à un esclave malgré tous les avantages légitimes dûs à son rang.

Mais puisqu'il était encore enfant et considéré immature pour prendre certaines décisions, son père devra le placer sous des tuteurs et des administrateurs le temps qu'il grandisse et devienne responsable.

Et celà traduit en quelques mots le regard de Dieu sur la vie du croyant qui venait d'accepter Jésus-Christ comme son seigneur et sauveur personnel et qui malgré sa catégorie d'âge biologique n'est pas encore parvenir à découvrir le mystère de la rédemption.

Cependant, l'un des éléments à prendre au sérieux dans ce développement, est que ce dernier sera placé par son père sous des tuteurs et des administrateurs.

Et lorsque nous considérons ces deux catégories de responsables, qui devraient être regardés comme des parents immédiats et très proches de cet enfant même par rapport à son père biologique de qui il héritait, on notera une phase de vie scandaleuse pour la croissance dudit fils.

Et puisque c'est bien eux qui avaient droit de regard immédiat sur cet enfant et vis versa, deux conséquences relationnelles s'imposent et c'est le lieu de procéder à son analyse.

Cas de l'enfant.

Pour ce qui regarde la vie de l'enfant, il va avoir beaucoup de choses à apprendre directement ou indirectement de ces tuteurs et administrateurs qui à leur tour auront une réelle influence sur le processus de sa croissance et celà presque dans tous les domaines de sa vie.

L'enfant pour des raisons difficiles à avancer, peut développer un grand attachement à son tuteur ou administrateur au point de commencer par ressentir de l'amour ou l'affection d'un enfant envers un père pour ceux-là.

De la même manière, il pouvait arriver le constat inverse au point de détester ses parents administratifs et tout dépend du climat de vie relationnelle qui va exister entre eux.

Ceci dit que ce processus relationnel peut conduire l'enfant à développer un regard d'amour ou de haine, de l'attachement ou du rejet à l'endroit de ces administrateurs et tout dépend de ce qu'ils auront semé en lui et par lequel sa personnalité sera forgée.

Enfin, si l'enfant pourrait grandir avec l'accès facile à l'héritage que son père biologique lui avait laissé et être épanoui dans cette aventure, celà dépendra des administrateurs que son père avait établi sur lui, lesquels détiennent d'ailleurs le temps contractuel marqué par le père et qui correspond à celui de son affranchissement et de son autonomisation.

Cas des tuteurs et administrateurs.

Pour ce qui regarde le cas des tuteurs et administrateurs, il faut commencer par souligner que celà revêt un caractère contractuel, professionnel et ouvrier avec le père de l'enfant.

Ils pouvaient être des gens honnêtes ou de moralité douteuse, toutefois ils seraient engagés pour accomplir un job lequel certainement leur offrirait des avantages outre leurs salaires.

Ils pouvaient être préoccupés par l'avenir de l'enfant à partir d'une bonne éducation, de bons témoignages sur leur enrouleur aux oreilles de cet enfant dans le but de détourner d'eux les regards de l'enfant au profit de la personnalité de son père toutefois, ils pouvaient encore agir autrement.

Pour supposer avoir pris goût des avantages liés à ce job, ils pouvaient dérober à la connaissance de l'enfant le contenu du contrat qui les liait à son père et dans lequel le temps de son affranchissement serait marqué.

Ils pouvaient essayer de dépouiller cet enfant de beaucoup de choses d'ordre informationnel et matériel et tout celà dépend de leurs motivations.

Ceci dit qu'ils pouvaient faire croire à cet enfant que sa vie dépend d'eux et prendre des dispositions pour réduire toute sa vie en esclavage sans que celui-ci ne s'aperçoive jusqu'au jour où la vérité ne s'éclate.

S'il s'agit de l'implication d'un testament, ils pouvaient s'arranger pour le modifier à leur bon vouloir et permettent à l'enfant d'avoir connaissance de celui qu'il ont réussi à modifier surtout que dans ce cas de figure, le père n'était plus vivant et présent pour réclamer quoique ce soit.

Et c'est sur ces quelques détails que nous revenons au cœur de notre étude pour rappeler que cette relation liant les tuteurs et administrateurs à l'enfant est contractuelle et protégée par la loi et révèle les failles de l'usage de celle-ci au milieu des humains.

Mais avant de continuer analysons le contenu des versets suivants.

Jean : 10 V 7 - 13.

Jésus leur dit encore : En vérité, en vérité, je vous le dis, je suis la porte des brebis.

Tous ceux qui sont venus avant moi sont des voleurs et des brigands ; mais les brebis ne les ont point écouté.

Je suis la porte. Si quelqu'un entre par moi, il sera sauvé ; il entrera et il sortira, et il trouvera des pâturages.

Le voleur ne vient que pour dérober, égorger et détruire ; moi, je suis venu afin que les brebis aient la vie, et qu'elles soient dans l'abondance.

Je suis le bon berger. Le bon berger donne sa vie pour ses brebis.

Mais le mercenaires, qui n'est pas le berger, et à qui n'appartiennent pas les brebis, voit venir le loup, abandonne les brebis, et prend la fuite ; et le loup les ravit et les disperse.

Le mercenaire s'enfuit parce qu'il est mercenaire, et qu'il ne se met point à peine des brebis. Je suis le bon berger.

Ce texte vient ainsi recentrer le travail et ressortir la pensée du Seigneur à travers les versets soumis à l'étude.

Ceci dit que les tuteurs et administrateurs devraient être considérés comme des mercenaires que le seigneur Jésus traitait d'étant venus avant lui d'après le contenu du verset ci-dessus et qui ne mettaient pas à peine des brebis que sommes nous les croyants enfermés dans le concept de la loi par la pratique de nombre de choses à caractère religieux et que la vérité était venue corrigée.

Ces tuteurs et administrateurs, commencent en premier lieu par les parents biologiques qui se basant sur certains concepts idéologiques se réclament propriétaires en entier, voir même dieu sur la vie de leurs progénitures.

Mais avant de continuer avec le cas des parents biologiques, il faut identifier les activités de ces tuteurs et administrateurs à travers la pluralité des systèmes religieux et doctrinales appuyés par ces multitudes églises montées de toutes pièces qui pullulent presque dans tous les coins de nos rues, qui ne se fondent pas sur la vérité de Dieu mais deviennent des pièges à âmes bien aguerris et bien engagés pour la réussite de leurs différentes entreprises et celà sans aucune conscience de l'éternité pour le salut de ces multitudes âmes tombées dans leurs mailles, ce qui est vraiment regrettable.

Revenant au cas des parents, il sera constaté que plusieurs enfants ont embrassé des religions auxquelles leurs parents les avaient initiées, soumises et parfois même imposées.

Et celà devient une pratique qui a traversé des générations et touché des cultures, des traditions et parfois même des pratiques anti-sociales.

Et là encore nous sommes dans la dimension charnelle des choses laquelle ne sera pas la plus importante et préoccupante puisque celle-ci n'est que l'arbre qui cache la forêt.

Mais à présent, s'agira de la dimension la plus importante et qui sera la spirituelle parce qu'elle reste impérissable et mérite d'être considérée et traitée en tant que telle.

Cet aspect commence généralement depuis la période de grossesse où de l'extérieur, on pouvait communiquer avec le fœtus ou le bébé encore dans le ventre de sa mère par le contact spirituel.

Celà pouvait consciemment ou inconsciemment s'enregistrer dans les centres de santé pendant les consultations prénatales lorsque des femmes se retrouvent en contact avec des praticiens hospitaliers spirituellement initiés ou également tout autre contact de circonstances dans ces milieux hospitaliers.

Dans d'autres cas, il arrive que des parents et occurence des femmes enceintes se retrouvent avec des responsables traditionnels de leurs villages ou religions pour solliciter leur assistance dans le processus de la bonne croissance de la grossesse ou lors des accouchements.

La réalité de ces différentes démarches en quête de solutions amène la pauvre femme ou les parents de la grossesse à livrer l'enfant que Dieu le Tout Puissant, créateur des cieux et de la terre a préparé en conséquence pour venir dans le monde, aux forces malveillantes et ténébreuses exerçant sous l'autorité du diable et se réclamant dieu de ce monde.

Ces esprits offrent leurs soi-disant services à ces demandeurs avec la complicité du prêtre ou l'initié spirituel et prennent en échange l'âme de cet bébé encore dans le ventre de sa mère pour épouse, et qui sait combien d'assistants ces pauvres parents ou ces femmes allaient solliciter pour penser assurer la sécurité de la grossesse et de l'enfant qui très prochainement allait naître ?

Et ce sera ainsi jusqu'au jour de l'accouchement et après cette étape, vient celle relative aux premiers mois, voir premières années d'existence hors ventre de cet enfant jusqu'au jour où il sera en mesure de prendre lui-même des initiatives responsables le concernant.

Et celà ne s'arrêtera pas à ce niveau puisqu'il sera très tôt confronté aux réalités du monde concurrentiel et toujours avec l'aide de ses parents ou ses amis allait commencer par solliciter de nouvelles assistances sans jamais savoir qu'il se mettait involontairement sous des tuteurs et administrateurs bien assis et par des contrats verbaux desquels seule la grâce pourra un beau jour l'en délivrer.

Considérons à présent ces versets.

Luc : 1 V 41 - 44.

Dès qu'Elizabeth entendit la salutation de Marie, son enfant tressaillit dans son sein, et elle fut remplie du Saint-Esprit.

Elle s'écria d'une voix forte : Tu es bénie entre les femmes, et le fruit de ton sein est béni. Comment m'est-il accordé que la mère de mon seigneur vienne auprès de moi ?

Car voici, aussitôt que la voix de ta salutation a frappé mon oreille, l'enfant a tressailli d'allégresse dans mon sein.

Par ces versets, nous pouvons nous faire l'idée de combien l'esprit à de l'avance sur la chair et n'attend même pas sa volonté encore moins sa permission avant d'agir et qui parle de la chair à cette occasion, parle de l'âme.

Les écritures déclarent qu'à peine la salutation de Marie traversait les oreilles de sa parente Elisabeth que son enfant à elle a tressailli d'allégresse dans son sein et elle-même Elisabeth, fut remplie du Saint-Esprit lequel avait pris corps humain en tant que Fils de Dieu, et était encore en ce moment dans le sein de Marie.

C'est ainsi que beaucoup de choses se passent dans la vie des humains et surtout lors des périodes natales lesquelles nécessitent parfois l'intervention du plus fort de tout les temps, son excellence, sa majesté, l'inégalable le Fils unique de Dieu, le seigneur et sauveur Jésus-Christ qui a le mandat du créateur avec le pouvoir de délivrer une âme de tous les usurpateurs qui s'étaient accaparés d'elle et de la débarrasser de tous les rudiments d'esclavage auxquels elle auraient été soumises

Ainsi par un seul contact voir même simple parole d'après le raisonnement humain, un fœtus ou un bébé encore dans le ventre de sa mère peut être pris en captivité par un esprit encore que d'après le contenu du verset ci-dessus, il s'agira non seulement de l'enfant qui était dans le sein d'Élisabeth, mais elle aussi puisque les écritures diront qu'elle avait été remplie du Saint-Esprit.

Nous revenons à présent à notre texte d'étude, pour remarquer l'importance de la connaissance et de la bonne compréhension du mystère de la rédemption.

Ainsi, des saintes écritures, au quatrième verset dudit chapitre de l'épître de Paul aux Galates, il sera remarqué que Dieu en tant que Père, ne se soulèvera pas contre les tuteurs et administrateurs sous lesquels il avait lui-même placé l'enfant, mais décidera d'aller poser un autre et nouveau acte de haute portée par l'envoi dans le monde de son Fils, né d'une femme, né sous la loi laquelle servait de mains de force à ces tuteurs et administrateurs afin qu'il rachetât ceux qui étaient sous la loi, pour procéder à leur adoption c'est à dire récupérer la domination et l'exercice de pouvoir des mains des tuteurs et administrateurs désormais disqualifiés à ses yeux pour le remettre à l'ayant droit c'est à dire au fils déjà mâture.

Et celà reste toujours d'actualité jusqu'à ce jour où vous nous lisez, en ce que Dieu ne se consacrera plus jamais son temps à s'occuper des tuteurs et administrateurs d'un quelconque sujet, puisqu'il a mis en place il y a plus de deux mille ans le moyen le plus sûr et suffisamment qualifié pour permettre à l'enfant esclave de se lever et de s'approprier le statut de fils qui lui était destiné puisque c'est bien ce dernier qui hérite.

L'œuvre de la rédemption de Jésus-Christ devient par celà le seul et unique pouvoir qualifié de grâce pour délivrer de la captivité et de la malédiction de la loi et rendre le croyant réellement libre.

La rédemption est la dimension la plus élevée de Dieu qu'il a tout le temps cachée en lui et l'a finalement manifestée en Jésus-Christ comme la sagesse qui fonctionne d'après la mentalité d'immortalité et d'invincibilité.

Elle réduit à néant la mort, le séjour des morts et enfin celui qui a la puissance de la mort, c'est à dire le diable, qui opère exclusivement dans les dimensions de la chair.

Celui donc qui est parvenu à percer le mystère de la rédemption a vaincu la mort et est continuellement repoussé par celle-ci.

La rédemption ne se donne pas comme sur un plat de cadeaux, mais elle s'arrache avec violence et devient un acquis face aux usurpateurs, lesquels n'arrêtaient de profiter de l'ignorance de l'ayant-droit légitime d'héritage.

A celà il faut aussi ajouter que la particularité de la rédemption en Jésus-Christ consiste en ce qu'il n'a pas laissé son testament aux mains des forces qu'il ne pouvait plus contrôler une fois mort et enterré comme c'est la réalité des humains dans ce monde soumis à la mort, mais lui sera ressuscité pour défendre quiconque ayant cru en son œuvre pour faire l'expérience d'une nouvelle vie basée et réécrite par son précieux sang et à partir du contenu de son testament lequel est suffisamment efficace pour garantir la victoire sur le diable et le péché ; et lui assurer la paix et le repos.

Et enfin, la rédemption n'est pas la résurrection, toutefois reste incomplète sans l'implication de celle-ci, et nous avons pour exemple les cas de Lazard et du seigneur Jésus-Christ qui avaient respectivement tous traversé la tombe.

Cependant ii convient de retenir que Lazard le frère de Marie et Marthe avait fait l'expérience de la résurrection, tandis que le seigneur Jésus avait réalisé la rédemption et la différence est que le premier cas n'a produit aucune modification sur l'identité spirituelle de son sujet tandis que le second était semé avec péché et ressortit sans péché.

Lazard était semé corrompu par le péché et ressorti toujours avec le même statut et dans le même état. Par contre, le seigneur Jésus-Christ a été semé corrompu par substitution à l'humanité et ressorti non corrompu et sans péché et était devenu maître de la mort et du séjour des morts ayant chacune de leurs clés en mains pour une domination définitive et éternelle.

Et ce sera sur ces mots que nous refermons cette étude spéciale sur la rédemption comme la réponse de Dieu à lucifer pour la délivrance et le salut de l'homme.

Conclusion

Après les différentes lignes révélatrices de cet outil du savoir et de l'équipement individuel et collectif, nous nous offrons le devoir et le plaisir de conclure cette œuvre par une chaleureuse félicitation envers toute l'équipe et chaque personne de près ou de loin ayant apporté sa contribution à la réussite d'une mission aussi noble qu'elle soit pour une lutte sans merci contre l'ignorance qui reste après tout le socle de la misère et de la pauvreté au sein de la société humaine en général et les croyants en particulier.

En celà, il s'avère important de rappeler comme l'indique le titre de notre œuvre commune, qu'au commencement, Dieu allait créer l'homme esprit et libre et par la suite va lui offrir un corps physique à partir de la poussière de la terre et ce dernier aura une chair composée de son âme et de son corps.

Il lui sera administré par la voie des narines un souffle de vie pour l'animer et lui donner le mouvement et celui-ci deviendra un être vivant.

Dieu, opérant toujours en tant que prophète, allait apporter à l'homme ce dont il avait besoin pour devenir un être vivant fait à l'image et selon la ressemblance de Dieu. Et ce sera la parole de Dieu au moyen de certaines instructions lesquelles révèlent la personnalité complète de ce dernier à savoir, la grâce et la loi.

Ces instructions seront données à l'homme qui était un sujet neutre c'est à dire sans culture et sans tradition, afin de lui permettre d'être un véritable prototype de Dieu le créateur sur la terre et parmi tous les autres êtres vivants au milieu desquels il devra se retrouver et même gérer.

Et ce sera l'occasion à Dieu de démontrer pour la première fois de l'amour envers l'homme ou l'humanité par le don de ses instructions dont la bonne appréhension preserverait ce dernier de la mort et de toutes les surprises désagréables que le monde qu'il était venu découvrir pouvait lui réserver.

Mais le diable dans la figure du serpent, connaissant la loi comme le gardien de l'intégrité de la personne de Dieu, et qui a été l'auteure de sa chute, allait conduire l'homme à elle afin de s'assurer de l'induire en désaccord avec Dieu et provoquer sa colère sur celui-ci et celà simplement parce qu'il savait là où Dieu amenait l'homme.

Il va donc réussi à mettre la main sur l'homme et à travers lui l'humanité toute entière dans le but de faire du chantage à Dieu qui selon lui devrait être considéré comme une personnalité très dure, compliquée et difficile de collaboration et ainsi réussir à éloigner l'homme de lui.

Il prospérera dans son job à vouloir provoquer la colère de Dieu sur l'homme, mais celui-ci allait requalifier la situation en prenant l'homme pour victime de la mauvaise gestion de sa loi et en conséquence faire valoir sa sagesse au plus haut niveau qualifiée de la rédemption en tant qu'unique réponse et solution alternative pour renverser le pouvoir du malin et délivrer l'homme de ses mains captives.

Il sera alors dit que Dieu allait tant aimer le monde qu'il allait envoyer son Fils unique afin que quiconque croit en lui ne périsse mais qu'il ait la vie éternelle parce qu'il est impossible de tant aimer sans au préalable aimer une fois déjà.

Dieu va alors aimer l'homme dans un premier temps en lui donnant la connaissance de la loi laquelle avait causé sa chute avant de mettre le comble à son amour pour l'homme pour la seconde fois et ce sera désormais la grâce ou la rédemption.

Et c'est ce à quoi nous nous étions attelé durant la moisson des différentes réflexions qui caractérisent cet ouvrage que vous et nous avons le privilège d'avoir à la portée des mains et dans nos bibliothèques.

Vivement que le Dieu de toute grâce bénisse chacun et tous pour de plus grandes et durables aventures communicationnelle.

Printed by Books on Demand GmbH, Norderstedt / Germany